U0037845

生於
1981

汪小菲——著

（上圖）與以色列總統佩雷斯（右二）合影。
（下圖）奧委會主席羅格的夫人（右二）和比利時王儲（左二）也是蘭會所的座上賓。

與湖畔大學的同學們一起登山。

和馬雲在湖畔大學。

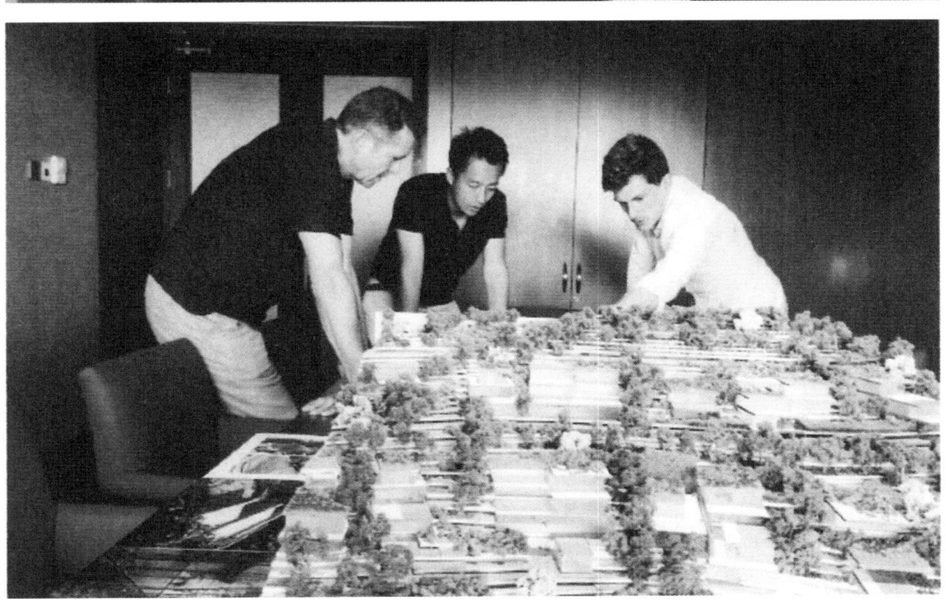

（上圖）《風度》（Men's Uno）雜誌的兩位創始人出席 S Hotel 活動。
（下圖）與福斯特建築事務所合夥人探討 S Hotel 建築布景。

二〇一七年六月十三日，S Hotel 在台北開業。著名設計師 Philippe Starck 親臨現場。

二〇一一年三月二十二日，我們結婚了。

人間天倫，千金不換。

感恩上天賜我美麗的妻子和兒女雙全。

如果你有了一個女兒，你的生命，自由，都不再屬於自己。
為了看到她的笑容，天大的事和痛苦也要扛著。

家是我一直嚮往的港灣。為了守護這個家，我願意付出所有。

目次

序章

想寫本書的念頭，源自一次失眠。

從台北到北京，將近兩千公里，坐飛機只要三個多小時，幾乎是一閉眼一睜眼的工夫，這在我小時候是難以想像的事情。那時候，連去一趟順義都像出遠門，何況是千里之外的台灣？如今，我一年有一半時間在北京，一半時間在台北，兩頭跑，已經成了習慣。台北和北京之間的這條航線，我已經往返了三百多次。

那天，收拾行李，訂機票，過安檢，一切流程駕輕就熟，我一手抱著兒子，一手牽著老婆，老婆又領著玥兒，一家人浩浩蕩蕩地過了閘口。兒子登機前準時餵了奶，此時已經安然入睡。登機，就座，動靜挺大，兒子很給面子，依舊睡得香甜。

猶記得幾年前帶著不滿週歲的玥兒從台北飛往北京，因為航班延誤，玥兒在登機時已經睡醒，結果在飛機上一直哭鬧不止。那手忙腳亂的情景依稀在目，如今，兩歲多的女兒和不滿週歲的兒子都已經很熟悉這樣的高空旅行，一上飛機就酣然入睡。

飛機上有好幾個熟人，有一半人和我一樣，是為二〇一六年兩岸新經濟論壇趕往北京的。老婆對兩岸新經濟論壇了解不多，起飛前她問我：「老公，兩岸新經濟論壇主要討論什麼？」

我不知該從何答起，她一問，我腦海中首先浮現的是近期我在台灣投資建設的S Hotel，而後，我想起「俏江南」，想起我母親——她在八〇年代下海創業，白手起家，從北京東四一家小飯館起步，奮鬥至今，創立了大型連鎖餐飲品牌「俏江南」，成了一名成功的女企業家……

飛機起飛了，耳邊響起轟鳴，我習慣性地握住了老婆的手。歪頭看看窗外，台北的街道、棕櫚樹、一〇一大樓，逐漸變小，飛機衝上湛藍的高空，不久後，穩定於皚皚的雲間。

我轉過頭，想跟老婆聊一聊「兩岸新經濟論壇」，卻發現她和孩子一樣，已經漸入睡眠。我因為工作，三不五時就要回北京。兒子太小，離不開媽媽，我一去又常要十天半個月，她希望我們一家人能常在一起，便陪著我，跟著我來回顛簸。

我也想合眼瞇一會兒，可不知怎的，一閉眼，這些年經歷的許多事就紛紛浮現於腦海。我已經三十五歲，轉眼間，自己竟接近不惑之年。想想覺得嚇人，過去的種種分明就在眼前，好像昨天的事情。童年時拍洋畫、撿廢鐵、捉蛐蛐，當軍體委員，帶著同學們喊口號；少年時出國留學，為了求學一個人輾轉於巴黎各處，為了賺學費在華人餐館幫工；青年時躊躇滿志地想做出一番事業，協助母親經營「蘭會所」，將它打造成二〇〇八年奧運會期間一張北京的「名片」。快三十歲時，和老婆在北京初遇，認定對方，組建了家庭，如今兒女成雙。將近四十年，轉眼就過了。

我睡不著了，沿著「兩岸新經濟論壇」這條線索，我開始往回琢磨。

我出生於一九八一年，北京土生土長的「八〇後」。我出生的那年，正是中國進入改革開放的第三個年頭。那時國家整體的經濟水平還比較落後，老百姓買東西還要用糧票，電視都沒有普及，電腦更是連見都沒見過。不過，僅僅過了十年，國家就發生了巨大變化，市場經濟的洪流湍急湧來，我們每個人都被捲入這股大潮中。那時還未懂事的我，對於時代加之於人的影響渾然未覺，我萬萬不曾想到，若干年後，我的人生命運會受到當時那股洪流的巨大影響，我的家庭，我自身，都與當年發生的幾件大事緊密相連。

一九七八年，國家正式恢復高考，我母親得以考上北京工商大學。在大學期間，她學習了工商管理，這為她日後從商奠定了基礎。

一九七九年，國家第一次提出了「通郵、通航、通商」——三通政策。我出生的那年，這項政策被進一步明確。近三十年後，我邂逅了我的妻子。我們原本相隔數千里，哪裡會想到彼此的人生在日後會有瓜葛？正是那條跨越海峽兩岸的航線，也就是我今天正在坐的這條航線，讓我們的命運有了牽連。

八〇年代，我父母隨著改革開發的大潮，雙雙下海經商，兩人從每月拿固定薪水變得收入極不穩定，我的生活也跟著發生了天翻地覆的變化。

九〇年代，我隻身一人去法國留學，成了「八〇後」第一批海外留學生。

這樣一想，原本散落於記憶中的零碎過往，似乎有了串聯起來的線索。我們這代人，出生於七〇年代末、八〇年代初，趕上了宏觀經濟的末班車。經歷過貧困時期，也見識到了國家的飛速發展。儘管才過了不到四十年，卻像跨越了好幾個世紀，回望過去，有種「恍如隔世」之感。這四十年是怎麼走過來的？真值得好好琢磨琢磨，細細梳理一番。

這樣一想，我更睡不著了，恨不得立即拿出紙和筆，把腦海中浮現的事一件件記下。無奈怕起身驚擾了妻兒，只得又繼續在腦海中「琢磨」。

想寫本書的念頭，就源於那一刻。

我有很多想說的話，平時心血來潮，會在微博上發上個三言兩語，但有時發言的時候情緒正高漲，難免詞不達意，事後回想，又覺得有不完善之處。我想，何不從這次兩岸新經濟論壇開始，將想說的一點點記下，過去經歷的許多沒想明白的，抽絲剝繭，總結反思；許多沒處說的話，也歸置歸置，好有個安放的地方。

光我自己自說自話，想必也沒人愛聽，我想寫本書，一方面希望藉由對自己的過去梳理總結，讓自己卸下一些包袱，好再次輕裝啟程，一方面希望我的經歷能對讀這本書的朋友有一點點啟發——我犯過的錯，別人能不再重蹈覆轍——能對偶然翻開這本書的朋友有一點點幫助，我便覺得歡欣鼓舞。

我和老婆相識八年了，這八年來，她沒少跟著我在北京和台北來回跑，雖然周折，但我們心裡都很感激，感激有這樣一條航線，聯繫起我們兩岸的家。我們算幸運的，當年，有多少夫婦一朝分別，一生都無緣再見。我老婆的奶奶祖籍山東，她這輩子都盼著回一趟老家，盼著見到故鄉分別已久的親人，可是後來兩岸航線開通了，她也老了，走不動了。在我看來這「一閉眼一睜眼的工夫」，在老人看來卻隔著一輩子。

旅程已經過半，飛機馬上就要在首都機場降落了。看看窗外，北京「方正」的街道，燈火燦爛的夜景已經依稀可見。這裡是我的故鄉，它和台北的氛圍完全不同。由於我常常每隔幾天就在台北和北京往返一次，所以常常有「上一秒還逛著台北生活氣息濃厚的夜市，這一秒就身處北京高樓林立的國貿」的穿越之感。這樣的快速「轉換」，時常讓我感慨萬分，如今這個時代，距離似乎再也不是問題，我們不僅有飛機，還有網路，我們每天所能感受到的不僅僅是自己身邊的那點事，還與六十億人一起體驗著「地球 online」，想要了解什麼資訊，可以隨時上網。可是人與人、地區與地區之間的相互了解真的加深了嗎？

我之所以能有幸參加兩岸新經濟論壇，除了我在台灣常年投資外，還因為我在台灣已生活了很久。二〇〇八年，赴台旅遊才正式開放，很多大陸遊客懷著好奇的心情，赴台一覽寶島的風姿，但因為旅遊有種種限制，每次赴台的時間都不長，所以很多大陸人對台灣的印象仍僅限於那幾天的所見所聞。

想到這裡，我更想分享這些年自己在台灣的生活經歷，我想，有很多東西對於只到台灣旅行了幾天的大陸朋友來說是目之不及的，我希望盡可能中立地、客觀地將我所看到的台灣寫出來，讓更多人了解台灣的現狀。當然，我所能分享的也受限於自身的視野，只是我個人的所思所想。

我躍躍欲試地想著一回家就動筆，忽聽玥兒叫「媽媽」，一轉頭，妻兒都已醒了，老婆正笑瞇瞇地看著我，輕輕拍我，問道：「想什麼呢？」

我半開玩笑地回答：「想寫本書！」

「就你？能寫出來嗎？」老婆也覺得我在開玩笑。

結果，那天到了北京，我真的就開始動筆了。我文筆不佳，筆下生澀，時而有想說的話，卻又表達不好，還望翻開這本書的朋友們多多包涵。

經過反覆修修補補，這本書真的出來了。感謝有緣讀到這本書的朋友，在此祝願大家家庭和睦，事業順利！

二〇一八年八月 北京

童年，孤單？幸福？

我清楚地記得要經過幾個十字路口，幾個丁字路口，哪裡是上坡，哪裡是下坡，哪裡的轉彎處有什麼店，那店門口的招牌什麼樣……

我坐在後座上，特別愛給外公瞎指揮。

「前面該右轉了！」

我的三個家

我父親原是豆製品廠的股長。八〇年代初，他跟隨改革開放的時代潮流，辭去工作，下海經商。我母親最早在北京市二商局，坐辦公室，後來她去了北京建工第五建築公司（就是俗稱的「五建」）在那裡的實驗室當了一名會計。一九九〇年，她離開了五建，出國去了加拿大。

父母先後放棄公職，下海打拚，他們的決定不僅極大地改變了自身的命運，也深刻地影響了我的人生軌跡，我的童年生活因此激起了層層波瀾。

我生在北京，長在朝陽，戶口隨我曾祖，在紡織部大院。我父母因為下海創業較早，沒享受到「福利分房」的待遇，父親便在朝外七條蓋了一處小平房。平時，爺爺、奶奶、父親、母親和我，五口人擠在那座小平房裡。

我還有三個姑姑，大姑、二姑和小姑，有時父母工作忙，我就借住在幾個姑姑家裡。從小我就有三個家，平時住在朝外七條，週六、日住在國棉一廠宿舍，有時又和姑姑一起住，來回輾轉。

北京，四季分明。春天，柳絮漫天，紮燕子風箏飛得老高；夏天，蟬聲嘶力竭地鳴叫，蛐蛐、蟈蟈一起合奏，冰棍兩毛一根，想吃就得求大人，磨上好半天；秋天，秋風蕭瑟，大片大片的銀杏葉、楓樹葉把北京的胡同鋪上一層厚地毯；冬天，冬儲大白菜，一吃吃到春，不覺得膩。

那時候，日子很苦，我清楚地記得，朝外七條那座父親自己蓋的小平房，四壁透風，十分簡陋。一到冬天，我就幫著大人搬煤、燒煤，可是還不太頂事，不靠近暖爐就凍得慌。冷，怎麼辦？忍著吧！後來，家裡添置了電褥子，冬天才稍微好過一點。

那時的生活雖苦，但是簡單開心，日復一日，沒什麼大煩惱。直到父親下海創業，我才第一次明白了什麼是愁。

「爸，您幹嘛不去收廢品？」

我父親身材高大，眉目深邃，氣質沉穩。八〇年代，他常穿一身呢料大衣，頭戴貝雷帽，腳踏一雙牛津皮鞋，整個人顯得很有「派」。

父親的成長環境十分優渥，我奶奶出身名門，是大家閨秀，而爺爺則經營運輸公司，一直被富養長大的父親，性格單純，談吐優雅，風度翩翩，頗有「貴公子」的氣質。許多女孩都簇擁著他，拚命對他示好，但爺爺的家教很嚴，不許父親隨便交女朋友。父親在爺爺嚴格的教育下長大，說話辦事都很有規矩。他從小沒為生計發過愁，直到「文革」時期，爺爺因經商而被歸為「黑五類」，家境沒落了，父親才開始體味到生活的艱辛。但他還依舊保持著儒雅的風度，穿著也一直很有品味，無論走到哪裡，父親總是女孩們注目的焦點。

我母親從小相貌出挑，大眼睛，愛笑，留一頭「大波浪」，是當年京城小有名氣的美女。王府井的中國照相館櫥窗裡常年掛著一張母親的黑白藝術照。據說後來她去加拿大時，還在當地的「華人選美大賽」中拿了名次。

母親對父親一見鍾情。內斂沉穩的父親與開朗奔放的母親剛好互補，兩人一拍即合。母親身邊其實也有許多各方面條件都很優秀的追求者，但她毅然決然地選擇了嫁給父親。當年，這是一段人人稱讚的佳緣，大家都說父親和母親很相配。

父親初次創業，為穩妥起見，他先選擇了自己熟悉的領域，在金盞一帶開辦了一家豆製品廠，還承包了魚塘，一邊做豆製品一邊做漁產養殖。金盞就在首都機場高速沿線，從朝外七條過去，如今看起來不遠，當年去一次就算「出趟遠門」了。父親去一次廠裡，一般得兩天才能回來，每次出去都跟「出差」似的。後來他買了輛二手車，我家也一躍成了「有車一族」。

新中國第一批私家車是波蘭引進的「菲亞特 162p」，「P」即是「Poland」。這種車體形小、價格便宜，被北京人親切地稱為「小土豆」。很多早期下海做生意的老闆都開「小土豆」，父親就是其中之一，它可以算是當年老百姓能買到的最經濟實惠的私家車了。做生意賺了些，稍微有錢一點的則開「馬自達」，在外企工作、收入高的大多開「皇冠」。「小土豆」雖然最便宜，但父親買它也下了很大決心，畢竟那時候有車的人還是極少數，「小土豆」算是父親在創業上一筆很大的投資了。

有了「小土豆」，父親去廠裡方便了些，往返只需要半天了，但他工作繁忙，常常得忙到深夜，結果還是總住在廠裡，一天到晚不著家。自從父親開始創業，我們全家在一起的時間就少了很多。

父親躊躇滿志地想做出一番成績，很拚，可是他畢竟初次下海創業，缺乏一些經驗。我聽他和母親聊天時說：「廠裡機器的產能和原來的不一樣……不比從前……」說著說著，兩人就爭辯起來，爭辯一不小心就升級成爭吵，兩人一吵就吵到半夜……

我家的小屋不足三十平方米，父母吵架時，我常常就在一旁，一聽他們吵，我就心驚膽戰，常常一晚難以入睡。我雖然害怕他們吵架，但還總是不由自主地豎著耳朵聽他們爭吵的內容。那些工作上的比較複雜的事我聽不太懂，但核心意思能聽明白，導致他們衝突的主要原因就是家裡的生計問題。

父親創業後，收入變得很不穩定，我們全家的心情也跟著父親的收入情況像坐雲霄飛車一樣跌宕。父親時而也能賺上一小筆錢，他一高興，就帶我們全家下館子，我就跟著沾光。父親最得意的一次，賺了一大筆，具體數目我不知道，只是那個月，家裡多了一個「大件兒」——一台多功能音響。那台音響能聽錄音帶，能放唱片，還是雙音箱設計，在八〇年代是極稀罕的「高科技」。

可是，父親虧損的時候比賺錢的時候多，「下館子」的情況是極少數。

那時候，父親一回家，我就觀察他的臉色：如果父親回家時笑容滿面，春風得意，這個月就是賺錢了，這也意味著家裡能過上幾天平靜快樂的日子；若是父親進門時沉著一張臉，情況就有些不妙，多半是虧損了。接下來，家裡免不了又要爆發一場大戰。

母親是個心直口快的人，她為父親的事業著急，為家裡的生計操心，常常「忠言逆耳」，父親因為生意不順，心裡本就不痛快，加上又好面子，哪裡聽得進母親的「忠言」？我父母雖然一個性格開朗，一個性格內斂，但兩人其實都是極要強的人，這樣兩個人碰到一塊，平時沒矛盾還好，有了矛盾，誰也不願意妥協，最終只有兩敗俱傷。

父親心裡一直背負著很大壓力，因為他下海創業，沒分到房子，我們全家才被迫擠在又小又破的平房裡生活。父親對此很愧疚，一直希望能早日做出一些成績彌補家人。不過那時，我渴望的不是住更大更好的房子，而是一家人能溫馨、快樂地在一起。我很希望能回到以前父親拿死薪水時的日子，這樣父母就不會整日為「這個月虧一點還是賺一點」憂心忡忡，家裡的生活也能回歸安穩。

我家附近有個收垃圾的。有一次我好奇一問，問那人一個月能掙多少錢，對方答：「三百。」我一聽，羨慕無比，三百元在那時候真不少。看他每天就坐在那裡，稱一稱別人拿來的破爛，幾點開門、幾點收工都自己說了算，看著也很輕鬆。我轉念一想，興沖沖地跑回了家，一推門，正看見我父親，我不假思索地跟他說：「爸，您幹嘛不去收垃圾啊？一個月能賺三百呢！也不累！」

父親的神態有些疲倦，聽我說完那句話，一語不發，我至今忘不了當時房間裡的那種寂靜，十分壓抑，叫人害怕。父親喃喃吐出一句：「小菲，你這麼瞧不起我嗎？」說罷，他眼圈紅了，眼角流下兩行亮晶晶的東西。我嚇住了，嚇得動彈不得，那是我人生中第一次見到父親哭，也是唯一一次。

他沒罵我，也沒打我，只是走過來抱住我，淚如雨下，把我衣服都弄濕了。小孩看見大人哭總是會覺得異常震撼，所以那一幕極其深刻地印在我記憶裡——有一種天塌下來的感覺。我那時根本不知道自己說錯了什麼，也不明白父親為什麼會覺得我瞧不起他，直到多年後懂事了，才知道自己當時的無心之言對父親的傷害有多深。

可是，說出去的話就無法收回，父親已經走上了創業的路，就不能再回頭，我們全家的命運也開始像離弦的箭一般，從此向未知的方向飛馳。

「小菲，獨立性很強！」

我小學在白家莊小學，週一到週六上學，週六上半天。週一到週五，我放學後自己溜達回朝外七條，週六是外公接，外公騎車載我回國棉一廠宿舍。中午陽光最盛那時候，小學門口擠滿了家長，每個都翹首以盼。平時他們都跟我沒關係，我會徑直穿過他們，大踏步地走遠。只有週六，我才四下尋找，外公一般站在人群後面，站在一個角落，推著自行車，我跑過去，心裡美滋滋的。要是找了半天沒找到，我就會很失落。

那時我才小學一、二年級，第一次品嘗到自己也理解不了的複雜情感，可是那種情感，我至今仍能回味。老師和其他大人都說：「小菲獨立性很強，什麼事情都能自己做，小學一年級就能自己回家。」那時我的確經常自己一個人，因為父親總去廠裡，常年不在家，母親工作也很繁忙，下班後還要照顧爺爺奶奶，一人扛起全家重擔，幾乎無暇顧及我。好不容易趕上父母都在家，他們還總是吵架，那時，我又想從家裡逃出去。

我幹什麼事都自己一個人，不是因為獨立，而是因為不得已。

放學後，我慢慢溜達回家，東逛逛西逛逛，到家晚了也沒人問。回家就一個人寫作業，作業寫完後要不坐著發呆，要不自己出門接著漫無目的地瞎逛。我媽很晚才回來，做飯，做家務，忙得焦頭爛額，沒說幾句話我們就睡覺了。

如果沒比較，可能我會覺得這樣的生活也挺自然。關鍵和其他同學一比，我意識到自己和別人不一樣，心裡就彆扭了。只有週六，外公接我的時候，我才成了「有家長接的孩子」。

外公騎車的路線是固定的，我記得我坐在他自行車後座上，一路經過團結湖、金台路、紅領巾公園……到家差不多一個小時，一路上有說有笑，一點也不覺得長。我清楚地記得要經過幾個十字路口，幾個丁字路口，哪裡是上坡，哪裡是下坡，哪裡的轉彎處有什麼店，那店門口的招牌什麼樣……我坐在後座上，特別愛給外公瞎指揮。

「前面該右轉了！」

外公就笑著回應我：「知道了！」

外公對我很好，零用錢一給就給一、兩塊，在那個年代可是「大數目」。其實外公是母親的繼父，但他待我仍猶如親生。外公載我回家的路上總經過一間遊戲廳，我貪玩，常纏著外公讓我去玩一會。外公不像其他長輩那樣一看我玩遊戲機就橫眉立目、訓斥阻撓，他總是順著我。我愛玩「雙截龍」，每每一玩起來就特別投入，有時會忘了時間。外公也不催我，就站在我身後笑瞇瞇地陪著我。其實，那時候遊戲廳裡經常有小混混出沒，他們看見我這種小孩，勢必要劫我錢的，所以我一個人來心裡就會不踏實，而外公在時，我覺得自己身後彷彿有一道庇護的牆，特別安心。

外婆也很寵我，我總是磨著她借錢，每每都能得逞。我常常用從外婆外公那裡磨來的錢買漫畫，比如當時很紅的《聖鬥士星矢》，我買下後自己先看，看完了租給班上同學，一天三毛，一禮拜就能賺兩塊多，我再拿這筆「巨款」買新的漫畫。如此，竟然也積累起了自己的「小金庫」。如果沒有外婆外公給的「原始資金」，我這「小算盤」也打不起來。

我的童年，外婆外公扮演了不可或缺的角色，他們給了我無條件的關愛，我至今回憶起小時候的事，他們慈祥的笑容都率先在腦海中浮現。其實我一直感覺自己的童年缺失了什麼，但因為他們，那一點缺失就不是致命的。雖然在我成長的過程中，內心的不安總是如影隨形，但我沒有長成一個孤僻、扭曲、偏執的人，心態一直比較陽光，這多虧了外婆外公給我的愛。

每到週末去外婆外公家時，我的心情就很放鬆，回爺爺奶奶那裡時，我就又重新緊繃起來，除了平房窄小又破舊，父母總吵架外，還因為爺爺奶奶對我的管教很嚴格，不像外婆外公那樣寵著我、慣著我。後來我才漸漸明白，其實他們也很愛我，只是和外婆外公的方式不同。

爺爺有一套嚴格的家法，當年他對父親的教育也是如此：稱呼長輩必須叫「您」，稱呼父母不能叫「爸」、「媽」，必須叫「爸爸」、「媽媽」，吃飯時長輩沒動筷子，晚輩絕不能動。還有許許多多的規矩，一旦違反了，就要被嚴厲懲罰。在家裡，爺爺總是正襟危坐，高高在上，而奶奶同樣是個寡言少語，嚴肅的人。她家世顯赫，曾是滿族名門的大小姐，清高自持，平日不喜歡和鄰居來往（遇上打麻將的除外），和我的關係也比較疏離。

儘管爺爺的不少「規矩」在我看來實在有些繁雜，但他非常注重對我品行的培養，他希望我成為一個誠實、正直的人，一個堂堂正正的男子漢，日後看來，爺爺的教育對我是有許多正面影響的。商場中有許多誘惑，稍一不慎，就會被欲望折服，變得唯利是圖。可爺爺嚴肅地看著我的樣子深深地印在我心裡，我雖然從商多年，但至今一直恪守著原則和底線，不會為了利益而無所不為，在很大程度上都因為爺爺當年對我嚴格的教育。

如果說外公給我的是如春風一般的溫暖關懷，讓我得以被滋養，得以保持著陽光的心態，那爺爺帶給我的就是如冬日的西北風一般的歷練、捶打，讓我得以形成內心的道德準則，成為一個堅強的人。他們教育我的方式不同，但都以自己的方式愛著我。

不過，他們畢竟都年紀大了，精力有限。父母常年忙碌，我童年大部分時候都感到很孤獨。這種孤獨感伴隨著我長大，如影隨形。其實我小時候都不知道那種感覺叫孤獨，只是覺得心裡很空、很鬱悶但又無從宣洩。

後來我一個人出國留學，整整七年在異國他鄉，孤獨感更為凸顯。很多人都說，我那麼小就出國了，讀語言學校，讀大學，讀ＭＢＡ，很多學校方面的手續都是我自己辦的，找學校，輾轉租房，我小小年紀就都能自己搞定，獨立性真強！可是他們不知道，比起被人說「獨立」，我更渴望能在家人身邊靜靜地待一會兒，哪怕只有一會兒。我多麼懷念那時週六下午和外公在一起的日子啊，身在當時當刻，從未想過那些美好的時光是如此短促。

蛐蛐、蜻蜓、父親的心血來潮

改革開放初期，國家開始提倡計劃生育。一九八二年，國家把計劃生育政策列為基本國策。生於一九八一年的我算是搭上了計劃生育政策的頭班車，我沒有親兄弟姐妹，童年的玩伴要麼是同學，要麼是院子裡的童年玩伴。幸好我還有幾個表哥，他們放暑假時就愛帶我出去玩，捉蛐蛐，逮蜻蜓。

現在北京夏天的蜻蜓少了，有時甚至得到郊外才能看見。那時候一到夏天，滿天都是，除了普通蜻蜓外，腹部全紅的叫「紅辣椒」，全綠的叫「老籽兒」，尾巴發藍的叫「老杆兒」。「老杆兒」是雄性，「老籽兒」是雌性，這兩種蜻蜓比普通蜻蜓體形大，也稀有，誰要是逮著一隻，得炫耀半天。

那時候孩子的想像力也很豐富，逮著老籽兒後，我們把「老籽兒」放在一個小竹籠子裡，掛著，覺得能吸引「老杆兒」。烈日當頭，我和表哥還有院裡的童年玩伴潛伏在不遠處等，等一會兒就不耐煩了，玩別的去了。這種方法究竟能不能吸引來「老杆兒」，最後誰也沒驗證過，反正傳言說可以，大家就深信不疑。還有一些別的顏色的，有一種體形巨大，腹部黃黑相間，據說叫「金剛」，還有灰的，傳聞還有金色的，這樣的蜻蜓極為稀有，很多小孩都吹牛說自己逮著過，實際每次連見都是驚鴻一瞥。

蛐蛐、蟈蟈、蚱蜢、螞蟻，偶爾還有蟬、蝸牛，都是我們捕捉的對象。這裡面，蛐蛐、蟈蟈、蚱蜢逮住了就養在家裡。蛐蛐最多，因為最常見，還能互相鬥，其他幾種就是逮著玩的。

那時候，我們沒電視，沒電腦，沒手機，捉蛐蛐成了我們最熱中的娛樂活動。蛐蛐捉住後，就放在我們自製的紙筒裡，紙筒包得裡三層外三層，厚厚的，即使如此，還是有厲害的蛐蛐能把紙筒咬出一個洞來逃走。不知道的，捉住蛐蛐後，興沖沖地跑回家，拿起紙筒一看，底下早漏了，白高興一場。這時要是鄰居家的小孩滿載而歸，心裡就別提多不服氣了。

不只是我們小孩愛捉蛐蛐，大人也喜歡。父親平時一副長輩的樣子，不苟言笑，但其實也愛玩，也是捉蛐蛐的愛好者。那時最好的蛐蛐罐叫「澄江罐」，父親本來收藏了好幾個，但在「破四舊」時，大半都被砸了。倖存的幾個年代久遠，能追溯到清朝，顏色特別漂亮。

和父親一起捉蛐蛐的場景，我至今難忘。

有時，父親喝了些酒，心血來潮，說：「小菲，走！捉蛐蛐去！」

父親帶我去的地方很不尋常。有時他帶我去鐵道邊，那裡的蛐蛐又黑又亮，個頭比別處的蛐蛐都大，異常兇猛。有時他竟帶我去墳地，墳地蛐蛐比鐵道蛐蛐更厲害，可能是因為周圍環境有很多磷元素，墳地蛐蛐的頭都是紫的，體形比鐵道蛐蛐還大一圈。要是用墳地蛐蛐和別人的普通蛐蛐鬥，基本是穩操勝券。

每次和父親一起出去捉蛐蛐，我心中都有點緊張，但也覺得比任何時候都高興。在我成長的過程中，父親總是缺席，一起去捉蛐蛐，成了我記憶中少有的和父親在一起的快樂時光。

父親和母親常年因家裡的生計問題爭執。總聽有人說：「夫妻倆越打感情越好。」但我父母不是這樣，他們的感情被一次次瑣碎的、沒有結果的爭執消磨，最終，兩人選擇了分道揚鑣。

現在要我說，夫妻的感情會不會越吵越好？我仍舊持否定態度。兩人在一起，偶爾有矛盾、有意見分歧很正常，但每一次爭吵都會對彼此的感情造成一次損傷，尤其是那種各執一詞，其實雙方都有道理，並沒有絕對的對錯的爭吵，更是沒有意義。

我的童年是被爭吵包圍著長大的，因而我對平和的環境特別嚮往。如今，和老婆有矛盾分歧時，有時我也衝動，想和老婆吵，但大多數時候都選擇讓自己平靜下來。除了為了我們的感情，還為了孩子。我不願意我的孩子和我一樣，也在一個充滿衝突的環境中長大，這樣他們的內心就能更平和，更有安全感，多一些幸福感，少一些不安。

後來，父親為了工作先去了雲南，又輾轉去了緬甸，做起了木材、地產生意。漸漸地，他的事業開始有了起色。

父親終於成功了，我由衷地為他高興。不過一想起他，我最懷念的還是他酒過三杯後，興致勃勃地帶著我去捉蛐蛐時的樣子，我戰戰兢兢地跟著他在墳地裡穿行，他拉著我的手在鐵道邊低頭找蛐蛐，那些時候，我比其他任何時刻都能感受到我們是父子，我們的心是連著的。

帥氣的舅舅，留了個怪髮型

我有個舅舅，一九六八年出生，比我大十三歲。

母親年少時就最疼舅舅。當年，外婆被下放到湖北「五七幹校」，外公、母親和舅舅跟隨而去。「五七幹校」的生活十分艱苦，外婆外公忙於工作，舅舅年幼體弱，而母親比舅舅大整整十歲，平日照顧舅舅的責任就落到了母親身上。母親既把舅舅當成自己的弟弟，又把他當成自己的孩子，無論走到哪裡，生活的際遇如何，母親總是想著舅舅。

為了改善舅舅的生活環境，爭取讓舅舅到城裡上學，母親瞞著外婆外公，隻身一人偷偷回到北京，她四處奔走，竟憑一己之力，爭取到了全家回京的資格。

母親和舅舅從小相依為命，兩人的關係十分親密，因此在我的童年生活裡，舅舅也是一個重要的人。

舅舅一米八五的大個子，眉眼深邃，高鼻梁，很多人都說他長得像費翔。不過他的髮型很奇特，影響了他「標準帥哥」的形象——前面是板寸，後面披著長髮——走在街上，回頭率百分之兩百。

舅舅愛玩，打扮也時髦前衛，在我心裡他其實更像一個對我特別好的哥哥。

舅舅頗有藝術天分，他被東方歌舞團選中，成了一名國標舞演員，還參加過電影《頑主》的拍攝。不過他最擅長跳的是當時流行的「霹靂舞」。每次看舅舅跳舞，我都目不轉睛，各種高難的翻滾，舅舅都能做得輕鬆自如，跟隨著動感的節奏，舅舅的動作快得像閃電，我稍一眨眼，就會漏掉好幾個精采瞬間。不會跳舞的我，對舅舅佩服得五體投地。

我像個小跟班一樣，喜歡跟在舅舅後面。夏天，他常常帶我去團結湖公園捉蛐蛐。他手法嫻熟，每次跟著他都能「滿載而歸」。

舅舅手巧，喜歡做模型，尤其酷愛做飛機、艦船模型。當時有一本雜誌叫《艦船知識》，他期期都買，每期都反反覆覆地看。舅舅做的模型和現在那些零部件、說明書齊備的模型不同，他所用的素材都是在生活中找的。他一點點鋸木頭，精細地雕刻成所需的形狀，再用膠水一點點黏。我清楚地記得，有一次，他竟成功地做出一艘一米五左右的尼米茲航空母艦。航母上的細節舅舅都精心製作，上面還有四十多架迷你小飛機。我看得目瞪口呆，從此對舅舅的崇拜更多了一分。

週末，父親開著126p去金盞（北京近郊，父親廠房所在地），舅舅和我也常常跟著一起去。路上很顛簸，那台二手「小土豆」還經常「拋錨」——電瓶沒電——我和舅舅常要幫著推車，千辛萬苦，總算隨父親到了廠裡。到了那裡，我們就幫著父親賣豆腐，賣完了，還能分到十幾塊。

舅舅是個大忙人，精力充沛，他業餘時間還去東四擺攤，賣皮鞋、皮衣，整日忙得馬不停蹄。但他不像我父母一樣整日在忙工作，舅舅忙的多半是自己的興趣。他是我的偶像，也是我童年的陪伴。至今回想，我腦海中都會浮現當年自己跟著舅舅滿胡同亂串的情景。舅舅好像總有無數關於「玩」的想法，跟著他，我就總是特別開心。

那時的生活真是「給點陽光就燦爛」，物質貧乏，但「玩」的創意總是層出不窮，幾個石子都能玩得不亦樂乎，捉蛐蛐就能花去一下午。現在，物質條件好了，可是心和頭腦也被各種雜七雜八的東西填滿，反而沒有空間體驗純粹的歡樂了。

如果沒有舅舅，我的童年會少很多很多歡樂。

母親是個強人

母親和父親沒離婚時，父親工作太忙，常很晚到家，母親一個人就要擔負起照顧四位老人的重任，整日忙得不可開交。離婚後，兩人掙錢變成一人，她又要賺我的學費，又要照顧外婆、外公、曾祖父、曾祖母，全家都指望著她的收入。她不得不拚命幹，把自己當成男人。我們相處的時光因此變得很少。

我記得只有一段日子，我和母親相處的時間比較多，那段日子讓我很難忘。

那是我小學一二年級的時候，每天下午三點多放學，我跑到她公司去，在她公司看書寫作業。作業寫完後，我常去她公司後面的荒地「尋寶」。那片荒地裡經常能發現一些廢鐵，我拿到廢品收購站去賣，能賣一兩塊錢，再加上外公給的一兩塊，我在同齡小孩中就算相當富有了。我用這筆錢除了買《聖鬥士星矢》的漫畫外，還會用來買「洋畫」。

八〇年代，時興收集「洋畫」。所謂「洋畫」，就是一種郵票大小的硬紙片，上面印著「聖鬥士星矢」、「變形金剛」、「花仙子」等圖案，因為上面的形象大多來自外國，所以叫「洋畫」。可以收藏，也可以和小夥伴玩「拍洋畫」。

每個小孩都擁有一部分洋畫，「對決」的兩個小孩分別拿出一張自己的，手掌窩成半弧狀，往地上一拍，借著手掌搧的風和吸力，有時能把地上的洋畫翻過來。誰翻過來的，洋畫就歸誰。這個遊戲，我媽那代人小時候就在玩，她十歲的時候隨父母下放湖北，就靠教當地小孩拍洋畫，樹立起自己的「領導地位」。我長大以後，洋畫也仍然在流傳，只是圖案在改變。直到幾年前，有了智慧型手機，這種古老的遊戲才沒什麼人玩了。

雖然我在當時小孩中算是零用錢相當富餘的，但也有「鬧饑荒」的時候。常去的小攤上進了新的洋畫，趕上自己沒錢，就只能站在旁邊眼巴巴地看。那時反正放學回家也沒人管我，我能看上好幾個小時不挪地方，把人家攤主都給看毛了。

童年記憶中，我和母親最親密的一段時光，就是那時候常泡在她辦公室的時候。她下班後我們一起回家，聊些我在學校發生的事。我爸不在家時，他們也沒得吵，家裡也很平和。那段時光是夏天，我和表哥、舅舅、童年玩伴到處逮蛐蛐的時候也是在夏天，夏天在我記憶裡特別美好，悠閒、寧靜、充滿溫馨。我一直跟別人說，自己最喜歡的季節就是夏天，多年後我才懂，我喜歡的不是夏天，而是留戀夏天的人和事。後來，一切都變了，夏天還是那個夏天，感受卻和當年不同了。

我小學一、二年級的班主任姓唐。唐老師教學認真負責，懂得因材施教。我那時候比較淘氣，特別好動，說話隨我媽，直率，有時衝口而出，愛得罪人。擱別的老師可能挺煩我的，可是唐老師不，她看我體育成績不錯，在班裡說話也挺有號召力，就安排我當「軍體委員」。

軍體委員的主要工作是組織同學們上下操，列隊，喊口號，喊：「發展體育運動，增強人民體質，好好學習，天天向上。一、二、三、四！」軍體委員起頭，同學們跟著喊。我那時性格外露，愛顯，這個出風頭的活可是得了我的心，我幹得特別來勁。有一回升旗儀式，我被選中帶著全校同學喊口號，那時我才二年級，六年級的同學都跟著我喊，我別提多得意了。

我的性格很容易受到別人影響，尤其當時年紀小，老師喜歡自己，學習成績就容易上去，老師要是不喜歡自己，總挑自己的刺，我就很容易對學習失去興趣。

三年級那年，老師換了，來了個新老師，姓史。我感覺她不太喜歡我，好像總是針對我，沒事就點我名，叫我站起來，批評我。我說話直，頂撞過她一次，她以後就更愛說我了。

那一年，還發生了一件事，那件事，算是我小學時期的一個轉折點，我的性格、心境，很多都隨著那件事有所改變。

那時，父親創業進展得不是很順利，母親每月也只有「五建」的死薪水，家裡的日子過得很艱苦。母親不甘心我們全家一直過清貧的生活，於是，她做了一個決定，出國。

一九九四年紅過一陣子的電視劇《北京人在紐約》，很多人都看過，講的就是改革開放初期，頭一批出國奮鬥淘金的人的故事。我母親就屬那一批。她當時決定去的是加拿大，她有幾個親戚在那裡。

在國外，她最多時一天打六份工，起早貪黑，做的大多是重體力活。她在唐人街一家餐館後廚幫工時，每天清早卸貨，要扛十八片肉排，一片肉排就好幾十公斤。跟她一起工作的都是黑人男性，沒一個人會幫她分擔。就這樣，她在加拿大辛苦奮鬥了近兩年，帶回了兩萬美金，那是她日後開飯館的「原始資本」，每一分都是用血汗換來的。

我媽出國了，再加上在學校不招老師待見，我的成績一落千丈，從班上前幾名掉到倒數的行列。曾經隱隱約約感受到的孤獨感，在那年尤為突出地體現出來。

那種孤獨感，成為了我日後的心結。後來人生中，每當我遇到挫折不順，當時那種孤獨的心情就湧上心頭，感覺像一個坎，我不知道怎麼跨過去。

母親出國了

我體育好，小學一年級就被選中加入體校學游泳。一三五去游泳，二四六則是練體能，做伏地挺身、仰臥起坐……強度非常大。我經常一個人提著個紅色的網兜，裡面是泳褲、泳帽、游泳浮板什麼的，自己去訓練。訓練太苦了，我心裡總覺得委屈，有時候還沒下水就哭了，邊哭邊游，就這樣一直堅持到初中。

有一回，我又是一個人回家，路上不知從哪裡鑽出來一隻山羊，看見我手裡的紅網兜，就像鬥牛場裡的公牛見了紅布似的，直直地衝過來。我還沒反應過來呢，那山羊一下給我頂個大跟頭，我飛出好幾公尺遠，大腦一片空白，幾乎暈過去了。

有幾個路人圍上來，問我：「小朋友，你沒事吧？」我躺在地上緩了一會兒，慢慢爬起來，說了聲沒事，就繼續提著網兜回家了。回家後，我也沒和任何大人提起當天的遭遇。

我母親在國內時，對我管教很嚴。數九寒冬，游泳隊訓練還在繼續，一週三次，母親逼著我去，一次都少不得。有好幾次我實在不想去了，賴在地上躺著犯擰，母親就揍我，揍得可真狠啊，直讓我覺得還是去游泳好一點。有一段時間我特別怨她，可是她出國了，我對她就只剩下想，她不在國內時，我的游泳訓練竟也一次沒落下。

我和母親的關係很微妙，像許多單親家庭的孩子一樣，我們之間的距離總是掌握不好。她工作忙時，我們過於疏遠，她想關心我時，我們的聯繫又太過緊密。

母親在加拿大待了近兩年，可是她走的時候，我們誰也不知道她要去多久，什麼時候回來。記得她上飛機的那天，外婆、外公、曾祖母、曾祖父都來了，父親、爺爺、奶奶也來了，全來機場送她，我的家人從來沒聚這麼齊過。在這麼多人面前，我縱然有想說的話，想掉的眼淚，也說不出，掉不下了。

大家都揮手和母親道別，紛紛囑咐母親在加拿大要小心，我也一直揮手，可是看著母親遠去的背影，我心裡其實挺茫然的。那時我剛懂一點事，知道母親要出國，但沒法想像母親真出國會是什麼樣。直到她真的離開了，我才忽然意識到生活中空了一大塊，平時一和我待在一起，就嘮叨我、訓我、管我的母親忽然不在了。我理解了什麼是「出國」，「出國」就是離得很遠很遠，想見到她，特別難。

母親出國後，不知怎的我就病了，發高燒，好幾天沒去上學。

後來我出國時，每次給我媽打電話，她總訓我，一會兒說我這個不小心，一會兒又說我那個不注意。我正是青春叛逆期，她一說我就頂，我倆就在電話裡戧起來，每次掛了電話都生一肚子氣。

可是有一次她千里迢迢來看我，一看見她我眼眶就紅了。我覺得自己特別沒骨氣，可還是忍不住想哭。

這些年，母親一直都在沒日沒夜地忙工作。二〇〇八年奧運會那時候，她在蘭會所接待外賓，穿著高跟鞋一站就站到夜裡兩點，睡幾個小時爬起來接著工作。二〇一二年冬天，下著大雪，大半夜，她突然高燒四十度，車都開不動。費了好半天勁，終於到了醫院，醫生說她的情況必須留院觀察，這幾天就要做個手術。誰想她天一亮就偷偷回「俏江南」了，打著點滴組織員工開會。這麼多年，她都是這麼過來的。

在別人眼中，母親是個不折不扣的女強人。小時候，我覺得母親永遠都是那麼強大，好像無論什麼事都難不倒她，無論什麼都不會將她擊垮。不過隨著我年歲增長，自己也有了孩子，我才漸漸明白，母親只是不把脆弱的一面展示給別人，甚至不展示給我。記憶裡，母親很少落淚，她常常笑，笑容很有感染力，透過她的笑容，她很容易把自己那份樂觀、自信傳遞給別人。創業過程中，再苦再累，母親也緊咬牙關，不抱怨，不放棄。我想，這就是她成功的秘訣吧。

母親愛嘮叨我，對我的管教也很嚴厲，但是每到關鍵時刻，她總是先衝上去，擋在我前面。現在，我已經長大，而她漸漸老了，該是我擋在她前面的時候了。

八〇年代的北京孩子有著相似的童年。老照片模糊至極，記憶仍然清晰。

搖滾樂、東四大街、我迷茫的青春

竇唯說過，他覺得我們都生活在夢中。我們一切的努力，只為了追尋一個夢。張炬可能臨到最後，都活在他的一場夢裡。可是我們都生活在現實中，所謂宿命，不知是不是就是現實中的每一天譜寫而成的：酒醒後，夢也醒了，人還要面對現實。

四九城的新潮元素

我有一個表哥，叫張偉。八〇年代，他在西單和東四開了兩家服裝店，賣哈雷皮夾克、Levi's牛仔褲，還有各式各樣時髦的靴子、不知從哪裡淘來的個性十足的首飾。

我表哥賣Levi's的時候，這個牌子還沒在國內流行起來，表哥的品味可謂走在時尚前沿，他店裡的許多衣服款式放在如今還很時髦。

我跟著表哥長了不少見識，接觸了許多很「潮」的事物。初中時，我迷上了玩滑板，沒事就夾著滑板去東單，那裡有個「U」形桶，很多愛玩滑板的年輕人都聚集在那裡。「辛普森家庭」的文化衫，五塊一件，我穿著它，腳踩白球鞋，踏上滑板，自我感覺特別良好。

一天中，我最愛黃昏日落的時刻。在東單玩了半天滑板後，累了，和幾個哥兒們一起坐在旁邊的台階上，看著落日的餘暉緩緩地照在滑板上，看著地上的影子一點點變長，看著被染紅的雲彩……倦鳥歸巢，心裡有點淡淡的傷感。這景象總讓我想起家裡晚飯做熟，炊煙裊裊，長輩喊小孩回家吃飯的時刻，一家人坐在餐桌前其樂融融。其實我童年這種經歷很少，大概就是因為少，所以才渴望吧。

這時，不知誰哼唱起了黑豹樂隊的〈Don't Break My Heart〉，不一會兒，又有人唱「人潮人海中，有你有我……」

暮色降臨，最後一道陽光消失在西山邊緣。我特別愛看那個時刻雲的變化，尤其有火燒雲的時候：雲被落日餘暉燒得通紅，一會兒就漸漸變成了紫色，有時，雲好像被鑲上了一圈金邊，不一會兒，金邊中又漏出幾縷光。雲的形狀緩緩變化，最後消失在夜色中。

那時候剛改革開放，國內還沒有多少進口牌子的東西。北京賣進口商品最著名的地方是建國門外大街的友誼商店，它的櫥窗裡總是展示著各式各樣琳琅滿目的進口貨，誰路過都想在櫥窗前逗留一會兒，窺看一下裡面新奇的陳列，飽飽眼福。

當時，友誼商店只對外國人、外交官、政府官員三種人開放，一般人進不去。就算進去了，也只能用專門的外匯兌換券買東西。外匯兌換券又是拿外幣兌換的，普通老百姓很難拿到，所以友誼商店對當時的我們來說，是一個神聖而遙不可及的存在。

只有一次，我媽通過一些關係換了三十元外匯兌換券，她用這筆錢給我買了我平生第一個進口玩具——變形金剛模型。彼時，《變形金剛》在國內剛剛開播，在小孩中引發了巨大熱潮，幾乎每個小男孩都瘋狂地迷上了它，整天著了魔般地模仿動畫片中變形金剛的動作和台詞。《變形金剛》在國內火熱了很久，影響了整整一代人。即使過了好幾年，你問一個人：「小男孩喜歡什麼？」他多半還是會回答：「變形金剛！」

不過，誰都沒想過能真正擁有一個變形金剛模型，甚至連見都沒見過，都不知道有這東西。那天，我媽回家後把模型拿了出來，我一看，簡直瘋了。這對我來說真是一件至寶，我連盒都不敢拆，生怕拆開了就弄髒了、弄壞了。

物質貧乏的年代，我們似乎更容易滿足，更懂得珍惜。那時候，一本漫畫能翻上個幾十、幾百遍，都翻爛了，還是愛不釋手；一個玩具能一直玩，玩好幾年，怎麼也不覺得膩。剛有電視機那時候，畫面還是黑白的，一共才不到十台，動畫片也只在每週特定的時間播出，但每次播出，我都會特別投入地收看，看完後，還覺得意猶未盡。

反觀現在，女兒的玩具成堆成箱，她在每個玩具上投入的注意力就少了，很容易厭倦。現在的孩子，還不會認字就已經接觸了智慧型手機、平板電腦等各種電子產品，可供他們選擇的娛樂活動太多了，反而從每一種選擇中獲得的快樂變少了。孩子們的起點就很高，相應的，他們對生活的要求就會比幾十年前的我們高很多，可能會更不容易體察到事物的「來之不易」，更不容易珍惜。

當然，這是我們經濟飛速發展的必然過程。進步，從大面上說是好的，只不過因為訊息爆炸，選擇太多，我們的心也會開始變得浮躁，甚至貪心。

現在，一有時間我就帶孩子們去接觸大自然，我覺得這樣更容易培養他們的專注力，對美的感受力，對身體健康也有好處。每每帶著孩子們去海邊撿貝殼、堆沙堡、觀察海星和小螃蟹，一起看夕陽西沉，每每帶著玥兒上山撿葉子、找小松鼠、用溪水洗臉，一起在半山腰眺望風景，我都會依稀想起從前，那些看著白雲緩緩飄蕩就能過一下午的日子。

大自然的美景轉瞬即逝，美好的時光也是。我希望玥兒看潮汐、看星星的時候，能體會到這種瞬間的可貴，能懂得珍惜當下所擁有的一切。

那時候，我還有一個「寶貝」，是一輛「斯塔特」牌自行車，24的，我個頭還不夠高，騎車得「掏大梁」，就是屁股夠不到座位上，半躬著身子站著騎。我天天騎著自行車滿胡同亂串。身邊掠過的小賣部、國槐樹、穿藍白條運動服的小學生，耳邊飛過的是吆喝聲、狗吠聲、各種人說話聊天聲……我一直以為「斯塔特」是個進口牌子，後來才知道這是天津的國產品牌，產於「天津自行車三廠」，它的總公司就是當時很有名氣的飛鴿自行車集團。這個牌子如今已經是「中華老字號」了。

夢裡回到八〇年代

八〇年代，一股叛逆精神在年輕人中蔓延，那時很多人都是純粹的理想主義者，從外表到行為，從思想到生活，都貼著「自由」、「特立獨行」的標籤。

蝙蝠衫、霹靂舞、喇叭褲、蛤蟆鏡，各種五花八門的新潮服飾開始流行起來，年輕人爭相模仿，完全打破了改革開放前那種黑白藍清一色的風格，整個北京城都透著「新時代來了」的氣息。

就在那時候，湧現了一批震撼搖滾樂壇的青年歌手，可謂橫空出世，如同驚天炸雷。黑豹樂隊在一九九一年推出了專輯《黑豹》。一九九二年，唐朝樂隊在西單音像大世界發售《夢回唐朝》，「魔岩三傑」和唐朝樂隊的搖滾傳遍大街小巷，幾乎所有年輕人都被他們的音樂深深地迷住了。

六〇年代「披頭四」流行時，我們國家對外的態度比較封閉，因而搖滾樂在那時沒怎麼影響中國。當時那批搖滾音樂人出現之前，國內流行的還是鄧麗君風格的音樂，大部分人從來沒聽過真正意義上的搖滾。事實上，他們的音樂放到當今仍舊很超前。

當時我媽已經在東四開了「阿蘭酒家」，「阿蘭酒家」旁邊就是一家唱片行，我在那裡買了好多錄音帶。那家店成天放唐朝樂隊、黑豹樂隊他們的歌，我在「阿蘭酒家」裡能聽得一清二楚。我常去我媽的店裡幫忙，每天浸潤在隔壁傳來的音樂中，沒多久那些歌我就都能哼唱了。

不只是我，班上的同學幾乎人人都會哼唱他們的歌。當時，還是小孩的我們只是覺得音樂好聽，很酷，我們像是被一種莫名的魔力吸引著，陷了進去。但我們都說不上這些音樂好在哪裡，為什麼吸引人。直到很多年後，一次偶然的機會，我路過一家唱片店，進去逛時，看到了《夢回唐朝》這張專輯，我立即買了下來，回家後重新聆聽，細細品味，我才能稍微明白，為什麼他們的音樂那麼打動人，為什麼當時那麼多人，甚至像我們這樣的小孩都為之瘋狂。

我覺得，除了音樂本身的水平以外，還有他們傳遞的精神。現在的音樂大多以娛樂為主，很少有人在音樂中融入思想層面的內涵，而他們當時的音樂不僅有對人生的思考，還有一種民族情懷融入其中。

比如〈夢回唐朝〉這首歌：「沿著掌紋烙著宿命，今宵酒醒無夢；沿著宿命走入迷思，夢裡回到唐朝。憶昔開元全盛日，天下朋友皆膠漆，眼界無窮世界寬，安得廣廈千萬間。」

歌詞中飽含著對我們中華民族的一種期望，這種期望不是那種很假大空的歌頌，也不是單純地堆砌中國風元素，而是一種摸得到靈魂的深刻的東西，一種情懷，一種理想。就是這種扎進人心的東西，才能撼動人，才能讓人幾十年後還願意回味。而現在的很多流行音樂，因為沒有靈魂，所以被迅速消費後，就如同過眼煙雲般被人遺忘了。

我小時候買不起唱片，但買過很多錄音帶。父親創業掙錢那次買回家的高級音響音質特好，我常常窩在家裡用它一遍遍播放那些錄音帶，在當年這簡直是極致的享受。還記得我買回第一盤錄音帶，放進音響裡時，特緊張，生怕錄音帶轉壞了，播不出聲音。前奏一響，我整個人的精神都一個激靈，緊接著，熱血上湧，激動萬分。自那之後，我一發而不可收，省吃儉用攢下的零用錢全都用來買錄音帶、打口帶。後來，我還買了一台小播放機，隨身攜帶，出門也聽歌。

那時候自己總幻想將來當一名搖滾樂手，組建自己的樂隊，不過從沒付諸過實踐。後來我和老婆說起這件事，老婆竟在我過生日時送我一把吉他，說是讓我圓夢。結果，我沒彈幾天，就發現自己不是學樂器的料，彈吉他比我想像的難多了。再加上工作忙，那把吉他就這樣被我供了起來，沒事看看，擦擦灰，緬懷一下曾經的夢。

老婆有時打趣道：「早知道就不送你那把吉他了，我以為你真有當搖滾樂手的夢想呢。」

我暗自感嘆，其實不是夢想沒了，是自身的處境變了。那時的自己是個孑然一身的楞頭小子，懷著青春期特有的不安躁動，懷著對世界的好奇與迷茫。那時候我常常感覺孤獨，心裡總有種莫名的情緒往上竄，往外冒，總覺得需要抒發釋放，音樂對我來說是一種重要的寄託。我夢想成為一名搖滾樂手，其實只是對不知會通往何方的未來之路的一種預期，一種自我安慰。因為周圍的世界變化太快，我總希望能有個明燈一樣的事物指引自己，讓自己能有個方向。而現在呢，我有老婆，有兒女，生活有了具體的落點，每天操心的事變得特別現實，「責任」二字也始終縈繞心頭，我承認自己沒有以前那樣狂熱了，但心裡也比以前踏實了。

我覺得，夢想不一定要照進現實，但至少可以照亮現實。在我經歷挫折，內心苦悶的時候，對音樂的熱愛就像明燈一樣指引著我。我或許沒有成為自己曾經想成為的人，但至少沒有變成自己厭惡的人。

雖然沒有學會彈吉他，但我做為一個聽眾，對搖滾樂的熱愛還是真誠而熾熱的。除了因為喜歡音樂本身，這個源頭，還要追溯到一段緣分上來。

我表哥賣的衣服和配飾很受搖滾青年們的歡迎，所以他的店裡偶爾也有像唐朝樂隊這樣的職業搖滾樂手光顧，一來二去，表哥就和他們相熟了。剛好唐朝樂隊成員張炬的姐姐也賣服裝，她和我表哥曾是合夥人，這就又多了一層關係。那年我十四歲，正迷唐朝樂隊迷得不行，沒想到有一天竟然能見到真人了。

有一次，表哥說要去唐朝樂隊貝斯手張炬的家，我一聽，「騰」地一下跳起來，央求表哥帶我同去。一九九四年底，在香港的紅磡體育館舉辦的「搖滾中國樂勢力」盛況空前，可謂是中國搖滾樂歷史上里程碑式的一次演出，可是地理位置太遠，我也太小，無緣到現場觀看。誰想到那年冬天，表哥帶著我穿胡同過巷口，把我引到張炬的家，在那裡，我真的見到了一直神往的唐朝樂隊！

張炬的家境很好，房子是他父親單位分的，在音樂廳附近，很寬敞。

到了張炬家，進屋後，一股濃重的菸味迎面撲來，屋裡雲霧繚繞，我更覺得這裡是個神仙住所。大家熱情地聊著很多關於音樂的話題，我完全插不上話，因為房間太暗，我一時都沒看清誰是誰，只能在心裡暗自揣測哪些人是唐朝樂隊的成員。

我甚至看不清哪些人是男的，哪些人是女的，因為他們都留著長頭髮，再加上冬日呵出來的白氣混雜著他們抽菸時的雲霧，煤球燒得很紅，熱得讓人有些昏昏欲睡——在這些因素的影響下，他們的面目我更是看不真切了。

後來總算對上了號，因為那是張炬家，我尤其仔細看了做為主人的張炬的面貌。他很瘦，細長的小眼睛，坐在角落裡不怎麼說話，顯得秀氣靦腆，面容中還帶幾分憂鬱，初看像是不太好接近的樣子。但是聽他說了幾句話，就覺得他很平易近人，像個親切的哥哥，也愛開開玩笑。張炬在圈內的人緣一直很好，很多當時著名的搖滾樂手都因他的介紹而結緣，像我去他家那天趕上的那種圈中好友的小型聚會，很多都是他牽頭組織的。

在那之後，我又因幾次機緣，見過張炬幾面，每次都覺得他人特別親切，一點都沒有偶像的架子。

直到一九九五年五月，噩耗突然傳來……

張炬出車禍去世的消息震驚了中國樂壇，所有國內的搖滾樂迷聞之，都惋惜、悲嘆，我更是一時不能接受這個事實——一個不久前才剛剛有幸見過，那樣親切隨和的人，就這樣從這個世上消失了！他那樣一個好人，一顆閃閃發光的明星，就那樣瞬間隕落！我是無論如何也不敢相信的！

在那之後，包括唐朝樂隊在內的很多圈內人好像就漸漸散了。我表哥和張炬的姐姐相熟，因而才能和圈內人近距離接觸，張炬走了，表哥也離那個圈子越來越遠了。

後來，我初三、高一那時候，經歷過一段挺漫長的迷茫期，那時候我還在聽唐朝樂隊的歌，時常還會想到張炬，想到第一次見到他時的情景，想到記憶裡已經模糊了的他的音容笑貌，就不覺悲嘆，這一切真像一場夢，好像我的青春，都隨著張炬的去世翻過了一頁。

《夢回唐朝》中有一句詞，最引起我的深思：

「沿著掌紋烙著宿命，今宵酒醒無夢。」這句話有些像張炬的墓誌銘，也像那個瘋狂年代的墓誌銘。

竇唯說過，他覺得我們都生活在夢中。我們一切的努力，只為了追尋一個夢。張炬可能臨到最後，都活在他的一場夢裡。可是我們都生活在現實中，所謂宿命，不知是不是就是現實中的每一天譜寫而成的：酒醒後，夢也醒了，人還要面對現實。

一九九五年後，突然崛起的搖滾樂又突然沒落了，當時的那批紅極一時的搖滾樂手跟商量好了似的，隱匿的隱匿，離開的離開。

但是那些年，他們的音樂對我而言，是很長一段時間的精神寄託。那些音樂雖然不能給當時迷茫的我以答案，但是卻能讓我宣洩，那種宣洩，就好像是在心裡上演了一場演唱會，別人不知道，但在我的世界裡，足以震撼靈魂，彷彿整個世界都狂震起來了。演唱會終場，我的心也跟著平靜下來了。

「俏江南」的前身

我母親一九九〇年出國，在加拿大待了一年多，帶著辛辛苦苦掙來的兩萬美金回國。當時她並沒想好回國後幹什麼，只是覺得自己對餐飲比較感興趣。

九〇年代前後，老百姓的生活越來越好，北京城裡，溫飽問題已經基本解決了。過去家裡過年過節辦酒席才「下館子」，而那時候已經有不少為了改善生活而去飯館的人了。蛋糕、巧克力、餅乾等等零食都出現了，雖然仍舊不可能隨時吃到，但至少已不再是遙不可及。

北京老百姓的消費水平上去了，對「吃好」越來越關心，這使得創業開飯館的前景一片大好。我母親就是在那時決意開一家飯館的——主營川菜，名叫「阿蘭酒家」。

「阿蘭酒家」選址在東四，周圍客流量大，緊鄰當時很有名的民芳餐廳，地理位置得天獨厚。

飯館初建，人手很缺。當時我舅舅還在東方歌舞團，他很有舞蹈天賦，在團裡已經嶄露頭角。但當母親問他願不願意到店裡幫忙時，他二話不說就答應了。於是，舅舅辭去了東方歌舞團的工作，開始和母親一起創業。

母親那時就很有品牌包裝意識，懂得通過包裝提升「品牌影響力」。她自幼熱愛藝術，自己會畫畫，又懂一些設計，店內的裝潢都出自她手。她從四川運來一批竹子——我現在還記得很清楚——然後在北京大郊亭一帶雇了一批工人，沒日沒夜地削竹子——把竹子表面那層青色的外皮刮乾淨，然後劈成竹條。母親自己也參與其中，削得手都紅腫起繭子了，還幹得特別投入起勁。除此之外，她還精心設置了「小河流水」的景致，一進店裡，就彷彿真的置身於四川小鎮，效果特別好。牆上大膽前衛的壁畫則是她親手所畫，全北京獨一份，特別吸引眼球，也為「阿蘭酒家」招攬了不少生意。

那時，私營小飯館較少注重包裝設計，「阿蘭酒家」獨樹一幟，很快受到了顧客歡迎。生意越來越紅火，我母親也越來越忙，飯店很晚才關門，她到家常常已是深夜。

我每天放學後都去阿蘭酒家寫作業，寫完了，就幫忙端盤子上菜，有時還幫著點菜、結帳。「阿蘭酒家」可以說是「俏江南」的前身，是「俏江南」最早的雛形。我從那時起就目睹母親如何經營飯館，如何與各種人打交道，耳濡目染，多少受到了一些薰陶。母親永遠懷著一顆積極進取的心，從不安於現狀，我也受她影響，日後總是懷著事業上的雄心，想全力以赴地做好每件事。

開一家飯館，每天要接觸形形色色的人。各行各業，男女老少，均要吃飯。母親外向、熱情，和各類人打交道都不在話下。她做任何事都風風火火，甚至比男人還膽大。有一次店裡來了個吃霸王餐的地痞，母親為了要回錢來，拿一個啤酒瓶在櫃檯上一磕，鋸齒參差的那頭直接抵在那人脖子上，氣勢洶洶，竟把對方嚇退了。後來知道他身上有槍，母親也很後怕。

那時我就深刻地明白了一個道理——餐飲這行，太接地氣，太現實了，絕對不是飄在天上，空談一些經營思想、經濟理論就能幹好的。腳踏實地做事，扎扎實實地一步一個腳印，這個理念一直跟隨我至今。如今做酒店，我也討厭一些假大空的東西，做一行，要懷著一顆單純的心，把這一行最重要的那塊認真做到最好，能把這一點做到，就已經很不容易了。

「阿蘭酒家」的生意越來越好，後來，母親又在廣安門開了「阿蘭烤鴨大酒樓」，在亞運村開了「百鳥園花園魚翅海鮮大酒樓」，我家的經濟狀況改善了不少，這全是我母親全力打拚的結果。這一點，我很感謝母親。很多單親家庭的小孩其實並不會因為單親而缺少什麼，常常是因為單親帶來的其他客觀因素影響更大，比如貧窮。別人家是雙親掙錢，單親家庭的小孩只有一人掙錢，家境貧困的可能性比較高。我家除了我，還有外婆、外公、曾祖母、曾祖父一大家子人，全仰仗母親。母親一個人靠雙手支撐了我們這個家。

不過，我是多年後才理解母親的辛苦付出的。那時，母親總是忙得焦頭爛額，即使我就在店裡，她也完全沒空理睬我，我們真正相處的時間很少。我心裡慢慢滋生出一些埋怨，覺得母親不關心我。

小學畢業，我考上了北京市重點——80中，成績在班上一直不錯。我在初中延續小學的「軍體委員」傳統，繼續組織同學們列隊、上操時喊口號。上學放學，白天黑夜，日子一天天溜走，很快，我十五歲了，進入了青春期。

第一次「離家出走」

初三畢業時，我有兩條路可選，一種是繼續在國內上高中，一種是直接出國。出國的首選是加拿大，母親在那裡生活過，也有一些親戚朋友能夠照應。

母親把選擇的權利交給了我。當時的我，心中懷著一種少年常有的對遠方的憧憬，對國外很好奇，尤其加拿大是母親打拚過的地方，母親有時會對我描述那裡的景象，我很想去看看。另外，那時我心底其實還藏著些叛逆的念頭，常幻想離家出走，到一個誰也不認識我的地方。這回機會來了，我考慮了幾天，決定出國。

下了決心，我就開始準備簽證，學外語。填報中考志願時，我想，反正也要出國了，隨便填一個就行。那時憑我的成績考日壇中學、陳經綸中學，都不成問題。這兩所學校離家近，也是朝陽區的重點中學，班裡很多同學也將它們列為首選。可我當時好像是偏要凸顯個性似的，越是大家都選的，我越不想選。我鬼使神差地填了北京94中學，後來還真被錄取了。

論教學水平，94中其實也不錯，只是離家稍遠，我的朋友都沒報這裡。過去的初中同學，考到那裡去的寥寥無幾。

我原以為自己充其量在94中上幾天學，很快就可以出國，哪知出國遠沒我想的那麼簡單。

我被加拿大使館拒簽了，對方懷疑我有移民傾向。

我至今還是不太明白，為什麼我會被拒簽。難道是因為我有親戚在加拿大？母親的簽證當初辦得很順利，為什麼到我這裡，就說什麼也不行了呢？

我印象很深，當時，對方用程式化的語言，淡淡地宣布了他們的結論。我的英語本來就不太流利，加上著急，當時真的是「百口莫辯」了。辯不過，我一衝動，直接站起來跑了。

當時，我雖然很想出國，但是從沒想過移民的事。我從小就對自己所在的集體有很強烈的認同和歸屬感，是個很戀家的人。所以，當他們說懷疑我有移民傾向時，我立即產生了滿腔的憤怒和滿腹的委屈。而且在那之前，我滿心想著自己很快就出國了，所以對高中的去向沒有認真思考過，這一下，我的既定目標被無情地剝奪了，未來會是什麼樣子？我感到焦慮不安，覺得自己沒法面對開學，沒法面對新學校、新老師。

我先到「阿蘭烤鴨大酒樓」，母親正在忙，沒時間管我。我坐了會兒，也沒人理我，心頭的委屈更往上湧，我突發奇想，覺得北京自己是待不下去了，不如買張票，隨便去哪裡，只要離開北京就好，天南海北，我一個人去流浪。

事後回想，當時自己的想法當然是很幼稚的，只是自己被情緒沖昏了頭腦，有點不管不顧了。我從「阿蘭烤鴨大酒樓」跑出去時，天已經黑了，估計我媽是以為我回家去了，也沒多問。我在街上時走時跑，從廣安門一直走到北京站。到北京站時，都快夜裡十二點了。

北京站，總是人潮洶湧，即使已近半夜，廣場上還是有不少人。有的三五成群地圍坐，周圍攤放著大包小包，有人時不時跑到列車時刻表前看一眼，似是等列車一到，隨時準備提起包包出發；有的直接在角落打起了地鋪，經過時還能聽見鼾聲。我好奇他們怎麼能睡得這麼踏實，好像對明天、對未來都無比確定，沒有任何憂慮和懷疑似的。我空著手就到了這裡，到了才發現自己身上的錢根本就不夠坐車的。夜深了，起了涼風，我也稍微清醒點了，知道自己其實走不了，但又不想就這麼回去，於是就在車站轉悠，轉了一圈又一圈，心裡還在想對策，腳卻漸漸不聽使喚了，走了一晚上，那時候才察覺到累。

青春期，也許體內真的有一股激素作祟，那時我常有很多瘋狂的想法、衝動的念頭。現在回想當初，覺得自己非常幼稚，可是那時，心裡頭的痛苦是特別真切的。被大使館拒簽了，同學們都上了不錯的高中，只有我要去一個誰也不認識的學校，想想就有一種被放逐的感覺。雖然94中也是一所區重點，但80中是市重點啊，我那時自尊心很強，覺得心理落差很大。

廣場上那麼多人，不會有人注意到我。大使館拒絕我，我媽也不管我，當時，我越想越委屈，越想越不平，好像自己被全世界拋棄了似的。

我又睏又累，拖著沉重的步伐繼續走，辨不清方向，索性也就不辨了。那時已經快夜裡一點了，這時候回家，免不了挨一頓打。我不敢回，便繼續漫無目的地走，一直走到崇文門附近，我體力已達極限，只好在路邊癱坐下，仰面看天。正覺得自己萬般悲催的時候，忽聽有人叫我。一回頭，我舅舅開著車過來了。當時的情景我記得很清楚，舅舅開著一輛捷達，把車停在路邊，叫我：

「小菲！小菲！」

舅舅的聲音很柔和——其實平時他脾氣不算好，我做錯事時他也是常訓我的，但那天，他一句責備也沒有，只是輕聲讓我上車。我當時又委屈，又害怕，可心裡又有一股暖流湧上——看見舅舅，我忽然一下就踏實了——幾種心情交織著，我戰戰兢兢地鑽進了車。

坐在舅舅車上，窗外的晚風吹進來，吹拂著我的面龐。眼淚在我眼眶裡打轉，最終被我憋了回去，一路上，我思緒萬千，一會兒想回家後我媽會不會打我，一會兒想以後該怎麼辦，就這樣胡思亂想著，到家時，已經夜裡兩點多了。

那晚，我媽也沒打我，和舅舅一樣，她對我說話的聲音很柔和，簡單詢問了我為什麼這麼晚跑出去後，就讓我上床睡覺去了，這反而讓我的心有點莫名地空。後半夜，我躺在床上翻來覆去，想了很多事，但第二天早上起來後又什麼都不記得了。

音樂與啤酒，暗地裡的叛逆

94中開學了，可我一點去學校的心氣都沒有。我是一個很固執的人，既定的想法很難一下轉向。我勉強接受了被拒簽的事實，但還是很難一下適應新環境。我那點虛榮、驕傲、自尊，無端地折磨著自己，彷彿自己本來有無數可能，可以去80中，可以去陳經綸中學，可以和自己的老同學在一塊，但現在這些路都被堵死了。

我在80中曾經是英語班的，每天都有兩堂英語課，班裡的學生大多要參加區裡、市裡的英語競賽，還參加過全國的。來到94中，我發現周圍同學的英語水平遠遠不如80中的同學，老師講的東西也都很簡單，我不用怎麼聽，考試就能考個八十多分。八十多分在80中其實是要挨罵的，但在94中就成了年級前幾名了。我因此更添了幾分傲慢，更加輕視起這個環境了。

我心中自信只要考試前翻翻書，考試考前幾名就沒問題，因此索性不來學校了。早上賴床，我媽見狀，自然是把我趕起來，要求我趕快去學校，但我假裝出門，我媽一走，我就又折回來了。

家中只有我曾祖母，她上了年紀，都快認不出我是誰了，我就常常賴在家裡一整天。久不去學校，老師警告我，如果再無故曠課，連續三十天，學校就會把我開除。我就算著日子，差不多快到三十天了，就去幾天，之後再逃。老師也拿我沒什麼辦法，因為我考試成績確實還可以，但這都緣於80中打的底子，而且語文、英語即使不怎麼上課，考試也能答得差不多。然而數學就不行了，數學落下一點，後面的就很容易聽不懂，不久後，我就發現自己數學開始跟不上了。

因為我總逃課，對待大部分同學也是一副孤高冷傲的樣子，所以同學們大多用異樣的眼光看我，和我保持距離。

我在新學校裡只交到一個朋友，就是我同桌。我還老嘲笑他，因為他為了上這所學校，交了不少贊助費。我說：「這學校我都不稀罕來，你還交錢上？」他脾氣好，也不生氣，反而是我心裡有點難受，損他的背後，是我強撐著的自尊心。

我很感謝那個同學，他一直很理解我，對我很包容。直到現在我們還一直保持著聯繫，在我短短半年多的高中生涯中，是他給了我唯一的陽光。

其實我是怕，怕自己不能融入新環境，怕同學看出我的失落、我的自卑。我想我那些老同學，要知道，有一次在新學校，我看見兩個過去80中的同學，雖然不是一個班的，但我見到他們，真跟見到親人似的。我對過去環境的認同感太強了，總是懷念過去，到了新環境，就很容易沒有歸屬感。更重要的是，在94中，我一直「端著」，總覺得自己有朝一日還是能出國，總覺得這個地方不屬自己。端著端著，就把朋友都「端」沒了。

其實，我雖然很想老同學們，但是有幾次同學聚會，見到老同學後，我心裡卻有幾分不是滋味。他們有留在80中的，有去「陳經綸」和「日壇」的，還有去四中和人大附中的，他們聊現在的學業緊張啊，聊數學競賽啊，聊在新學校遇見的新奇的人和事啊，在我眼中，他們說話的時候，個個都神采飛揚。

後來，他們的學業也都越來越緊，大多沒空再出來聚，漸漸的，大家就真的散了。

那時，我對老同學懷著不甘和嫉妒，對新同學又抱著輕視的態度，整個人「高不成低不就」，不知該怎麼面對未來。其實，儘管我當時滿心想著出國，但內心對出國也懷著幾分憂慮。被加拿大大使館拒簽的事給了我極大打擊，當時，簽證官一口咬定我就是有移民傾向，好像我們中國人出國，大多都是衝著移民去的。從他那冷漠的態度中，我能感受到一種輕視，這種輕視不僅僅是對我，而是對所有中國人。我不由得想，假如我真的出國了，在國外，外國人會不會很歧視中國人？我能好好在國外上學嗎？

想到這裡，我經常會產生一種「無路可走」的絕望感，現在回想起來，其實那是青春期一種特有的憂鬱：沉浸在自己的世界裡，怠惰，思想永遠比行動勤奮，心比天高，卻又有一種自卑感隱藏在心底，怕被人看出來。表面上，我不跟人打架，也沒惹出什麼麻煩事來，不像那些把叛逆表現在明面上的年輕人，一天到晚不捅婁子就睡不著覺。我是在心裡叛逆，聽搖滾，逃學，跟大多數人都不說話。

之前提到的搖滾樂在這時幫了我很大忙，我有一個播放機，可以背在身上，我走到哪裡都帶著它，配一副耳機，聽一整天歌。除了聽搖滾，我還聽了不少當時的流行歌曲，張信哲、劉德華、張學友等等。藉由聽歌，我抒發了自己的鬱悶、憋屈，現在想想，多少也有逃避現實的嫌疑。不過如果當時沒有音樂，我覺得自己真有可能得上憂鬱症呢。

一天放學後，我偶然在家裡發現幾罐啤酒。我媽不在家，家裡就我和曾祖母。我聽很多人說喝酒就能忘記煩惱，雖然也聽過「借酒澆愁愁更愁」的話，但還是覺得好奇，想試一試。開了一瓶，也不知道小口小口地喝，學梁山好漢，咕咚咕咚地往肚裡灌，期待著一會兒煩惱就都憑空消失了。

那是我第一次喝酒，幾口酒下肚，我覺得自己好像一下長大成人了。我把自己關在房間裡嚎啕大哭，哭得肝腸寸斷，撕心裂肺。我曾祖母耳背，什麼都聽不見，借著酒勁，我把那些日子積累的憋悶盡數釋放。

初嘗酒精的味道後，我每週都會偷喝一次酒，只有我一個人，把自己喝得爛醉。我媽回來得晚，對此一無所知。我就這樣一個人享受著那種隱秘的快意，有點罪惡感，可卻欲罷不能。

酒是苦澀的，我相信絕大部分愛喝酒的人肯定不是喜歡酒本身的味道。有人是喜歡喝酒時那種感覺，喜歡氣氛，有人是需要酒精的麻痺作用。對當時的我來說，喝酒就跟喝藥差不多，治的是我心裡的鬱悶。

一個轉折點

在家待久了，我也覺得憋得慌。有時我會出門，在街上無所事事地遊蕩。

還是背著我那個小播放機，坐公車，坐地鐵，每到一個地方，就下來站著待會兒，然後再走。我漫無目的，每天都在虛度青春，心中雖然時常浮現自責、悔恨，但又覺得既然已經那樣了，就沒法回頭了，我沒臉面再回到學校去。有時我突發奇想，想跑到廣東去，在那裡轉手買賣服裝，或開個髮廊，直接步入社會；有時又幻想忽有一天有人通知我可以出國留學了，我的生活能重新邁入正軌。就這樣，每天胡思亂想，從沒想出個所以然來。

冬天，常常下大雪，有時候我好不容易爬起來了，想著今天去上課吧，到了門口，一陣冷風撲面，非常冷的，我又縮回去了。

我其實特別希望能有人給我一些指點，幫我一把，特別想找個人，把自己那段時間的委屈、不甘都傾訴出來，可是當時身邊一個人都沒有。即使是新學校的同桌，我把他當成高中最好的朋友，也沒好意思什麼話都和他說。

我逃課那麼久，老師竟然沒告訴過我媽。那時候我媽工作忙，每天在飯館忙到很晚才回家，當時還沒時興手機，老師也聯繫不到她。終於有一天，老師不知通過什麼途徑找到我媽，我不去上學的事終於讓她知道了。

我早就作好了心理準備，一頓臭揍肯定是免不了了。可是我媽沒揍我，而是坐下來和我認認真真地談起來。我媽平時脾氣不好，愛訓我、揍我，但那次，她好像很理解我似的，雖然也有責備，但更多的是問我究竟怎麼了，了解我的情況。她的態度讓我心裡忽然一酸，心裡壓抑已久的情緒一下釋放了出來，我嚎啕大哭，告訴母親，我其實也不想這樣，我只是不知道該怎麼辦。

「小菲，既然上了這所學校，就好好上。當年你外婆下放到『五七幹校』，你外公和我跟著一起去，那裡那麼遠，生活不比你現在苦？後來還不是過來了？你要學學我，爭口氣！何況，94中也不是什麼不好的學校，你在94中好好學，將來照樣有出息！」母親說得鏗鏘激昂。

命運常常很神秘，和母親談話後不久，我剛準備洗心革面，好好上學，一次意外的機會就降臨了。不是加拿大，而是法國。

法國一所學校來北京招生，母親問我想不想去，我立即點頭。那個時候，我那麼渴望出國，並不是因為覺得國外好，而是自尊心作祟，心想自己越是被拒簽，就越是要出去，越是要證明自己只是去求學的，並沒有要移民。可是真正到了國外，我才體會到，當時的想法太幼稚了，在舉目無親、遙遠而陌生的外國，我面臨的是一系列非常現實的問題：語言關、生活費、上學機會。遠渡重洋，背井離鄉，大部分時光都是自己一個人度過，苦和淚都要往自己肚子裡吞。

一九九七年，我有生以來第一次坐飛機，橫跨亞洲大陸，飛過近萬公里的航線，來到了法國旁邊的一個小國——摩納哥，就此開始了我長達七年的留學生涯。

從法國到加拿大，跨越半個地球

七年，如今好像轉瞬即逝，但當年在國外，七年是那麼漫長，長得根本看不到頭。很多一個人輾轉去這裡去那裡的經歷如今都變得模糊了，能讓我記起的大多是與人相處時的場景。

摩納哥，靠海的公國

摩納哥是世界上第二小的國家，國土面積不到兩平方公里，三面均被法國包圍，另一面朝向大海。想去摩納哥，必須途經法國，通過法國簽證。

摩納哥雖小，經濟卻非常發達，它最著名的是博彩業，每年都有數以萬計的遊客在摩納哥的蒙特卡羅大賭場傾注巨資。

我留學的第一站就從摩納哥開始。

那是我第一次出國，此前對國外的了解僅限於母親去過的北美。因為我之前心心念念的是去加拿大，所以腦子裡還留著對加拿大的憧憬，期待的是大片秋天的黃葉、空曠寬敞的街道和飄雪的聖誕節。

飛機緩緩降落在歐洲大陸，這裡完全是另一片天地，地中海的驕陽，直插雲天的棕櫚樹，層層疊疊的歐式小樓，衝擊著我之前對國外的想像。海子那首著名的詩句「面朝大海，春暖花開」用來形容摩納哥實在再貼切不過。摩納哥是亞熱帶地中海氣候，溫暖濕潤，大海掀起浪濤，體形碩大的海鷗穿梭其間，好像在跟海浪嬉戲。海邊的小路上花團錦簇，猫在角落裡蜷縮著曬太陽。

不過，我來不及欣賞風景，下了飛機後便匆忙趕往我申請的學校報到。

摩納哥的風景如此美麗，但我要去的那所學校卻讓我大失所望。它位於摩納哥的一座體育館裡，我們這一波中國學生大概二十幾個，校舍像是為了我們這些中國學生臨時租的，硬體設施雖然不錯，但那是某間酒店的度假公寓，當時是旅遊淡季，遊客少，我很擔心到了旺季我們就得搬走，事實證明果不其然。

原來這就是一所民營私立學校，旁邊雖有配套大學，但在那所大學裡學習的人看起來都是一些成日遊手好閒的傢伙，整天不學習，混日子。他們看起來家境都很優裕。

可我好不容易來到這裡，並不是來混日子的。我心裡還憋著一股勁，想著將來還要考到加拿大。在這裡，我先惡補語言，學英語和法語，之後再學一些在法國和加拿大的學校可以轉學分的課程。

這裡教學一般，學費不菲，一年大約四千多美金。我母親當時雖有一些積蓄，但大部分收入都會繼續投入經營，因而閒錢不多，而且她怕把我慣出大手大腳的毛病，每月給我寄一次錢，剛好夠基本生活。

我曾經一直想體會一把離家出走的感覺，真正離開家了才感受到自己能力的不足。那時我語言跟不上，花了大把時間學習，仍覺得很吃力，因而根本沒時間去打工，只能依靠家裡。

我那時候總覺得自己已經是大人了，靠家裡，一方面是不好意思，另一方面是要忍受我母親的嘮叨。她自己工作壓力大，對我又總恨鐵不成鋼，出國學費還貴，幾樣加起來，導致她一打電話就罵我。我還在叛逆期，自尊心特別強，母親罵我，我使勁辯解，辯不過就還嘴，兩人常常吵得摔電話。掛了電話後又覺得後悔，寶貴的跨國長途，我們都浪費在吵架上了。

在摩納哥，我過著兩點一線的生活，白天上課，晚上自習，吃飯就用週末從超市買的食材在宿舍自己烹飪。由於我過去一點法語基礎都沒有，到了這裡就得先過語言關。我的英語底子雖然不錯，但還沒到可以應用自如的程度，老師語速快了，我就有聽不懂和遺漏之處，有問題也不方便提問。因此，我的法語學得很吃力。我每天花大量時間學習，根本沒時間去別處逛、玩。來到這裡幾個月，我竟沒有什麼出國的感覺，因為我每天大部分時候都在校舍裡，身邊的同學也都是中國留學生，除了需要學法語外，我感覺自己只是換了個地方上高中。

每天早上，我同一時間出門，坐同一時間的大巴。直到現在我都記得很清楚，每天上了大巴，車上都是同一批乘客——每天在固定時間出門的一批老人。遠遠地，我看著一輛金色或白色的大巴緩緩駛來——基本上是同一個司機——我上車，看到熟悉的面孔，坐在和昨天一樣的位置上，到站了，又下來，天天如此。

那時，我生活中唯一的調劑，竟是每週末去超市買食材。學校附近有一家「家樂福」，一到週末，我就推著車在裡面逛來逛去。在當時單調的學習生活中，逛超市竟成了一種娛樂。平時下課了，關係要好的同學提議出去走走，常說：「走，超市逛逛去！」現在想想當時的情景，實在有些好笑，幾個十六、七歲的男孩，彼此招呼著去逛超市。當然，超市那裡還有一個東西吸引著我們——一台遊戲機。那台遊戲機就擺在超市門口，孤零零的，有點扎眼。我和同學一去就發現了它。課餘時間，稍有空閒，我們就跑到那裡玩。有時就我一人，大週末的下午，我孤零零地站在遊戲機前玩，玩著玩著，忽然想起小時候外公陪我在遊戲機廳玩「雙截龍」時的情景。同樣是溫暖的午後，有外公在旁邊陪著，我心裡就覺得特別踏實，在摩納哥，我身後只有空蕩蕩的天。

不過，我在摩納哥的日子有一點好，就是又交到了幾個新朋友。身在異國他鄉，大家每天同進同出，起居生活都在一塊，很快就熟絡起來了。我那時的室友成了我的至交，到今天仍舊常聯繫。

四塊牛排，被叼走三塊

我在摩納哥和法國待了整整五年，說來慚愧，竟沒吃過正宗的法國料理。首要的原因是法國料理價格昂貴，而我囊中羞澀。其次是我不太懂怎麼點。一九八三年，北京第一家法式西餐廳「馬克西姆」在崇文門開業，京城獨一份，只有有錢人才吃得起，我從來沒去過。法國料理所用的食材多為契合時令的野味，蝸牛、青蛙、鵝肝、野兔，對當地人來說都比較常見，對我卻比較罕見。我真不知哪樣好吃，又沒有閒錢去挨個試吃品嘗，所以五年下來從沒碰過。

下館子是件很奢侈的事，所以對留學生來說，自己做飯是樣必備技能。我在北京時常泡在「阿蘭酒家」，沒吃過猪肉也見過猪跑，炒幾樣簡單的菜是不在話下的。在國外的這七年，我大多是自己做飯。

不過自己做久了，難免覺得膩。學校附近有個小飯館，傍晚時分，店裡店外都坐滿了人。每每路過那家飯館，常有香氣撲鼻，一看，是牛排，煎得外焦裡嫩，讓我垂涎三尺。再看價格，又讓我差點暈過去。沒錢，只能走。

我省吃儉用好幾個禮拜，攢出兩百法郎，這個錢去小飯館吃頓牛排還遠遠不夠，但可以去超市買幾片自己回家煎。我滿懷興奮地買了四片牛排，提回宿舍，先凍在冰箱冷凍室裡，想等中午下課後回來煎。

幾節課下來，滿腦子都想著回去怎麼煎牛排，煎完了怎麼吃，是切成小塊吃，還是大口大口吃？想著想著，口水都要流出來了。一下課，我箭一般地衝回宿舍，從冰箱裡取出凍得硬邦邦的牛排。

突然察覺到問題——我不知道怎麼化凍。用熱水澆？那牛排還不熟了？我餓腸轆轆，心急難耐，忽生一計。摩納哥的中午，烈日如火如荼，我乾脆直接把牛排放在陽台上，讓太陽曬一會兒估計就化了。

我邊曬著牛排，邊切配菜，哼著小曲，好不愜意。突然，一片陰影來回晃動，房間裡一下暗下來了。我往窗台一看，好傢伙，一隻巨大的海鷗！這海鷗停在我家窗台上，張開雙翅，牠的發育顯然過分良好了，算上翅膀足足有一米多寬，把陽光全擋住了！牠正試圖叼我那四塊牛排呢。

我的兩百法郎！

我抄起菜刀就往海鷗那裡劈。

凍住的牛排，四塊黏成了一大坨，本來整個被海鷗叼起來了，大概是因為被太陽曬了一會兒，有一塊沒黏住，掉了。牠見我攻來，得意揚揚地拍拍翅膀飛走了。

摩納哥的海鷗，通常都很肥碩，估計是不愁吃不愁喝，還天天偷別人窗台上的食物。我恨不得追著那隻海鷗，等牠什麼時候落下來我就去搶牛排，牠飛到哪裡我跟到哪裡，讓牠永遠也吃不成！當然，只是想想。

我撿起掉下來的那唯一一塊牛排，洗了洗，煎來吃了，味道很不錯，這下我心裡更沮喪了。不誇張地說，為那餵了海鷗的三塊牛排，之後我整整一週都沒睡好。

「來這裡學習？學賭博啊？」

摩納哥的旅遊旺季是五到八月，我剛入學時是一九九七年底，尚是淡季，學校安排我們住在酒店裡。不久後，我們忽聞「世界杯」即將在法國開幕，摩納哥即將迎來一個盛大的旅遊旺季，酒店住不了了，學校給我們換了一個住所，條件下降了好幾個檔。自從我到摩納哥學習，唯一感到滿意的就是那個能看到海景的宿舍，其他的都有諸多不盡如人意之處。這下，我心有點涼，迷茫感更為強烈。

豈知那是一個轉折。「世界杯」期間，學校放了一段時間假，我來摩納哥這麼久，還從沒去別的地方看過。我買了一張ＴＧＡ車票——這是當時全球最厲害的高鐵，時速能達兩百七十公里——乘著它，我第一次來到了巴黎。

摩納哥的風景雖美，可畢竟太小，教育品質遠遠不及法國。地中海的風太暖，適合度假，不適合求學。我在巴黎轉了一圈，參觀了好幾所大學，看著學校裡往來的師生，偌大的圖書館，四處張貼的演講海報，我感受到這裡濃郁的學習氛圍。我終於找到了自己想要的方向——我不能白來國外一趟，我一定要來巴黎！我要上巴黎的大學！

我在法國的簽證只有一年，那時已過去半年，我必須儘快作一個決定：如果留在摩納哥的學校繼續學習，還能保證續簽簽證；如果離開那裡到巴黎來，則必須找到能幫我續簽的學校，否則一年到了我就得回國。假期只有幾天，不夠在巴黎找學校的。

我沒和母親說，她要是知道我一個人折騰這些，非急死不可，很可能買張機票直接飛過來。

是去是留，我站在十字路口，第一次感到我的命運就握在自己手中。

那段時間，為了貼補生活，我接了一份兼職——在一家中餐館幫工。一天，我正收盤子呢，忽有一個大哥跟我說話。我一看，竟是一位很著名的中國演員。

大哥問我：「你在這裡幹嘛呢？」

他並不認識我，只是在國外看到一張東方人面孔，還是個小孩，因而覺得好奇吧，所以才找我閒聊。

我說：「我在這裡學習呢。」

「在這裡學習？學賭博啊？」大哥開玩笑說。

其實，當時很多人聽說我在摩納哥上學，都表示過不同程度的懷疑。他們的疑惑不無道理，摩納哥真的不是一個適合求學的地方。

想到這一切，我毅然決然地決定，無論如何都要上巴黎求學。假期結束後，我回到摩納哥，以最快的速度收拾好行李，並向學校申請了退學。

學校退了我一筆學費，加上母親寄過來的生活費，我帶著自己的「全部資產」，坐著高鐵再次來到巴黎。

不是天才，卻「跳級」了

我從摩納哥的學校「裸退」，前途茫茫不定。那時我才不到十七歲，想想都覺得自己當時的行為實在是太瘋狂了。直到現在我還常常感嘆，自己能一路走到現在真是一種幸運。我在巴黎遇到好幾次危險，都是僥倖逃過。記得有一次，我走著走著，迎面來了一個人，手裡拿著槍，奪了我的包包。我趁他不注意，一把就把包包搶了回來，拔腿就跑了。現在回想還覺得後怕，我初生牛犢不怕虎，但要是當時對方真朝我開幾槍，那就什麼都完了。

人生中有許多幸運，在當時以為是僥倖，但僥倖聯繫起來，就有點像命運。一個人今天還能活著，還能做事，就已經很值得感謝上天了。

到了巴黎，我直接去了十三區，那裡差不多是個華人區，我上次來時，也是在這個區域找了一家小旅店落腳。再次到來，我跟老闆說我想在這裡住兩個月，問老闆大概要多少錢。雖然我之前已經大致算過費用，但聽到時還是倒抽一口涼氣，太貴了。我改了主意，決定把月租改成日租。一天的租金是八十法郎，還是貴，但在法國找房子特別難，我沒有別的更好的選擇。

那家小旅店的房間很小，連被子都不提供，我每天都睡在自備的睡袋裡。床上方的房頂居然還漏水。

每天天還沒亮，我就出門了，隨便吃兩口東西，開始四處奔走找學校。迷茫而壓力巨大地過了一週後，我發現了索邦大學，一所有可能接納我的法國名校。它有一個語言班，我在摩納哥學了半年法語，水平有限，日常交流尚有問題，很有必要繼續學習語言。最重要的是，它所開具的入學證明可以用來續簽簽證，而我的當務之急是留下來。

我用摩納哥學校退回的學費在索邦大學報了兩個學期的課程，還剩下一部分，我租了一處小房子，暫時安頓了下來。續簽的問題解決了，我心裡的一塊石頭暫時落了地。

不久後，我在摩納哥學校認識的兩個朋友也來了。他們當初聽說我想退學去巴黎，也頗為心動，但又猶豫不決，便叫我去打頭陣。兩個人年紀比我大些，比我「賊」，見我在巴黎順利找到了學校，才放心在摩納哥那邊辦了退學。

入學後，發現一個奇怪的現象：班上其他同學和我們仨一樣，都幾乎是初學法語，但進步極快，好像沒幾天就會說了，我很費解。後來才明白，他們的母語與法語同屬拉丁語系，語法、拼寫上都有很多相通之處。而我們三個人學起來則要困難得多。苦學幾個月後，才算有了突破，除了一些專業詞彙，我和當地人的日常交流基本沒什麼問題了。

為了跟上課程，我大部分時間都花在了學習上，再次陷入了兩點一線的循環。

出國將近一年了，我的求學生活卻還沒邁入正軌。法語學得很慢，接下來去哪裡又還沒確定，這些都讓我心裡時常泛著一股焦躁。我總感覺自己還是沒有融入當地的氛圍。凱旋門、香榭麗舍大道、艾菲爾鐵塔、ＬＶ、愛馬仕……這些，雖然近在眼前，卻又十分遙遠。

就在我又開始為前途憂慮之際，我發現了巴黎一所叫「巴黎高等管理學院（ESG Management School）」的大學，那裡提供雙語教學，一半法語授課，一半英語授課，在那裡積累的學分還能轉到美國和加拿大的大學。我當時就認定，這所學校很適合我！

抱著試試看的心態，我整理了自己的資料，遞交到那所大學。沒想到不久後竟然通知我去面試！而後，我又不知是受到哪位神明的眷顧，竟然收到了錄取通知書！

我從一個在國內差一點輟學的學生，一躍成為了大學生！

那年，我才剛滿十七歲，在國內應該上高二。巴黎的大學不完全看學習成績，也很重視面試表現，多虧了這樣，我才能獲得入學的機會。

出國近一年了，頭一次，我有了確定的感覺，感覺自己的未來是能把握的，感覺自己的前途還不是一片黯淡，我的自信心提升了，覺得自己也能做成一些事。一年前在國內的那段消沉期，漸漸離我遠去了。

張溫柔和張美麗

我母親在國內，總擔心我還像高一那時候那樣，不好好上學。因為歐洲的學校有很多假期，一到放假，我常喜歡四處走走，去附近的國家窮遊。這事傳到我母親耳朵裡，她就以為我不務正業，還每天到處玩。

沒辦法，我高一的表現在她心中留下了根深蒂固的印象。

我那時也比較沒耐心，母親誤解我，我就覺得很憤怒，兩人便爭執起來。當時的我特別不愛聽母親說「花那麼多錢送你出國」，因為這話戳中了我的弱點，提醒我自己還是個小孩，經濟不獨立，必須服從大人。

為了早日獨立，我開始積極地找工作。巴黎對打黑工查得很嚴，找來找去沒有結果。一次偶然的機會，我在報紙上看到一家中餐館招服務員，待遇不錯，可以兼職，一個週末的薪水就是五百法郎。

我在國內也經常幫母親點菜、收拾盤子，勝任工作應該沒問題，就是這家餐館距我住的地方有點遠，位於凡爾賽，坐車過去需要兩小時。

我買了車票，決定先實地看看後再說。凡爾賽是旅遊城市，遊客到此主要是為了瞻仰凡爾賽宮的尊榮。凡爾賽宮始建於路易十四時期，富麗堂皇，精緻奢華，但除了它以外，凡爾賽是一座樸素而幽靜的小城，旅遊淡季時，整座城市好像都在休眠。這裡的人富有、閒適，生活恬淡，一來到這裡，就會有種整個身心都放鬆了的感覺。

我立即喜歡上了這裡，比起巴黎市中心，凡爾賽像個隱世的棲居地，緊張的學習之餘，來這裡就像調劑心情。

照著地圖，我找到招聘的那家中餐館。面試我的是一位五十多歲的大姐，名字很有意思，叫「張溫柔」。簡單交流了幾句，聽說我有在中餐館打雜的經驗，張溫柔就決定錄用我，薪水正如報紙上登的那樣，給得很大方。

從此，每到週末，我都坐兩個小時的高鐵，到張溫柔的中餐館打工。張溫柔有個妹妹，四十出頭，名字和她姐姐相映成趣，叫「張美麗」。第一次聽到這個名字，又想起「張溫柔」，我強忍住笑，恭敬地向張美麗大姐問了好。兩姐妹都是溫州人，也都在法國安家立業，一起經營這家中餐館，借著凡爾賽的旅遊客流，生意做得不錯。

入鄉隨俗，因地制宜，凡爾賽的中餐館和「阿蘭酒家」那種中餐館有很大差異，這裡還提供三明治、牛排、紅酒等西餐，中餐也調整了口味，有些食材也變了，很多是就地取材。因此這裡的「中餐」是經過改良後的中餐，是專為法國人設計的中餐。

我在國內從沒開過紅酒，到了這裡，經常要給客人開紅酒。我記得第一次開時，我面對的是一位大學教授。我不想表現出自己很不專業的樣子，但又實在不知道怎麼弄，把起子旋進軟木塞後，乾脆直接把紅酒瓶夾在兩腿中間，咬牙切齒地使勁，估計把那位大學教授都嚇到了。「砰」的一聲，終於打開了，紅酒噴出來大半瓶，都灑在了我的褲子上，我的手還讓起子劃傷了，血直往外流。

我戰戰兢兢地看著那位大學教授，有些不知所措，我以為他要罵我，但他笑著安慰我，說沒關係，而後竟然還給了我一些小費。我由衷感嘆，不愧是大學教授，確實涵養好。

但是在那之後，我每次開紅酒都有點心理陰影，生怕再搞砸了。

張溫柔和張美麗兩位大姐對我很寬容，她們一直耐心地教我，原諒我犯的錯，待我像她們的孩子。那時，我常常和她們的家人一起吃晚飯，大家歡聲笑語，氣氛融洽，隱隱約約竟讓我有了「家」的感覺。

不過，我的課業難度逐漸提高，不得不投入更多精力在學習上，每週花兩天時間打工對我來說變得越來越吃力。我的請假次數變多了，兩位大姐對我依舊很包容，既沒批評我，薪水也絲毫未減。

但我心中慚愧，自己的工作做得也不是那麼好，很多地方都需要她們教，耽誤了她們太多時間，加上同時兼顧學業和打工，越來越讓我感覺力不從心，我決定提出辭職。

兩位大姐還特意給我開了歡送會，並告訴我以後有什麼需要隨時聯繫她們。

我在張溫柔和張美麗的中餐館僅待了幾個月，卻感受到自出國以來一直沒感受到過的家的溫暖。那是一段令我懷念的經歷，雖然那裡做的一直都是「改良版」的中餐，但卻讓我在異國他鄉，嘗到了來自祖國的味道。

心結釋然

七年，如今好像轉瞬即逝，但當年在國外，七年是那麼漫長，長得根本看不到頭。很多一個人輾轉去這裡去那裡的經歷如今都變得模糊了，能讓我記起的大多是與人相處時的場景。

在法國，我結識了自己的初戀女友，她大我兩歲，中國人，是個很溫柔細心的姑娘。

我們之間的感覺既像戀人，又像朋友，更像親人。在異鄉，一張亞洲人的面孔都會讓你覺得親切，何況是一個很關心你的家鄉女孩？在那些漫長而孤獨的日子裡，我們彼此是對方的陪伴，無論做什麼，身邊有個人陪，原本艱難的時刻也會好過一點。

我心裡一直有一個結，就是當年被加拿大使館拒簽。那件事直接導致了我之後半年的消沉頹廢。我人在法國，心中卻始終沒放下對加拿大的執念。

我想考加拿大的ＭＢＡ，可數學是個坎。都說國外的數學簡單，那是對有國內高中基礎的人而言，我在國內只讀了半年，還沒好好讀，數學一直是我的軟肋。偏偏ＭＢＡ很重視數學成績，我一籌莫展，自覺實現夢想的機會很渺茫。

當時，我的女朋友也想報考加拿大的研究生，她整理自己的資料，順便就幫我整理了。我粗心，不擅做這些細緻的工作，而她心細，考慮周全。她幫我把全部的資料分門別類，將過往的成績盡數梳理了一番。經她這麼一整理，我的資料顯得乾淨明晰、一目了然。她絲毫不計較花費的時間和精力，把我的事當成她自己的事。她對我的事如此上心，我也提振了精神，決心瞄準目標，全力一搏。

我的資料果然獲得了評審老師的好感，我獲得了面試機會。也是幸運之至，趕上那位評審老師很喜歡我。在他的幫助下，我竟然免去了考數學這個環節，破格被加拿大圭爾夫大學錄取。

至此，我積鬱在心中多年的心結終於解開了。

我的初戀女友也考上了加拿大另外一所大學的研究生，皆大歡喜，我們歡呼雀躍，為彼此逐漸光明的前途打從心底高興。

只是，三年後，我從圭爾夫大學畢業，決定回國，而她和她的家人那時已經定居加拿大，她選擇了留下。我們沒有爭吵，沒有矛盾，甚至我們交往的這幾年，也基本沒發生過什麼特別大的衝突，一直和和睦睦，像最好的朋友，最親的親人。不過，我們的人生軌跡發生了改變，彼此都深知自己對未來的期望和規劃都已大不相同。我們祝福了對方，我那段平淡而溫馨的初戀，無疾而終。

加拿大留學的這幾年過得非常平靜，平靜得我幾乎已經忘卻了大部分細節，出國留學這七年，我的記憶大多留在摩納哥和法國，歐洲對我的影響非常深刻，幾乎是一場從外在到內心的洗禮。

LV的櫥窗，每一季都會更換新品。我做為一個窮學生，買不起櫥窗裡的奢侈品，但可以看，可以window shopping。課業不忙時，我常在巴黎街頭漫步，眼見的、聽聞的、感受到的，都是巴黎的藝術與人文氣息。他們的時裝和建築，他們的審美和生活習慣，點點滴滴滲入我的生命。以至於我初到加拿大，又經歷了一段不適應期。歐洲文化整體很傳統，而北美相對比較奔放。深受歐洲文化影響的我，常年穿著西服皮鞋，聽懷舊老歌，一直都沒習慣休閒服裝與Hip-Hop。

七年，我從一個十六歲的少年變成一個二十三歲的青年，經歷了從孩子到成人的蛻變。二〇〇四年，我回國了，北京也和我記憶中的北京大不一樣了，一切都好像進入了一個新階段。生活節奏比過去要快上許多，我好像搭上一輛疾速向前的列車，那段悠緩漫長的時光一去不復返，留在記憶裡的也只剩下摩納哥的驕陽、巴黎的陰天與加拿大秋天一地的楓葉。過去都已經泛黃。

七年留學生涯，塑造了我的性格，是獨立思考、獨立生活的開端。

在巴黎，他們問我中國有沒有電視機

很多人說，幹嘛那麼關心什麼民族、什麼國家，管好自己就可以了。但我想說，有時候一個民族的境遇，一個國家的興衰，都會直接影響一個人的生活，乃至命運。

世界是平的嗎？

「世界是平的。」美國著名作家湯馬斯・佛里曼這樣說過。

如今，國家與國家之間的聯繫比三、四十年前要緊密得多，「全球化」早已不是什麼新鮮的詞語。改革開放四十年，外國的品牌、不同膚色的人種、外國的文化與價值觀，在我們的國家滲透蔓延，早已融入了我們的日常生活。

一九七八年，改革開放之初，外資企業第一次進入新中國，對當時的老百姓來說，一切都是那麼新奇。生於八〇年代初的我們那代人，親眼見到外資企業從無到有，切身體會到那種從興奮好奇到習以為常的心路歷程。

一九七八年，日本松下電器進入中國，這是第一家進入新中國的外資企業。當時它和中國的合作項目是為上海燈泡廠提供黑白顯像管，沒有走上檯面，所以較少為人知曉。

同樣是一九七八年，皮爾・卡登來華，帶著他的服裝品牌來到中國。這是第一個進入中國的外資服裝品牌，對普通老百姓而言就是遙不可及的奢侈品，誰要是能有一件皮爾・卡登大衣，那他一定十分富有。另外，大多數人都熟知皮爾・卡登的服飾，不知道他在中國還開過餐廳。我之前提到過的北京第一家法式西餐廳「馬克西姆」，其實也是他引進的。

一九八七年，摩托羅拉首次登陸中國，老百姓手上出現了傳呼機，後來是大哥大。八〇年代和九〇年代初出生的孩子一定還記得，那時候找人先撥號到傳呼台，讓對方回電話。現在我們急著想找一個人，如果撥了幾次手機，對方還是沒接聽，我們就開始心焦。可在當時，再急也不可能馬上聯繫到對方，傳呼機的出現，已經在很大程度上拉近了人和人之間的距離。另外，那時候形容大老闆，常說他「腳踩擦著油光的皮鞋，手裡拿著個大哥大」。移動通信設備剛來中國時，有個「大哥大」是很神氣的。

一九八七年，中國第一家肯德基在前門大街開業；一九九〇年，中國第一家麥當勞落戶廣州；兩年後，王府井大街有了北京第一家麥當勞。小時候，吃麥當勞、肯德基就是「打牙祭」的代名詞，只有考試考得特別好，或是做了特別值得表揚的事，才能吃一次做為獎勵。而現在，這些快餐已經被很多老百姓視為「垃圾食品」，低油低脂飲食才是健康選擇，時代已和從前大不同。

二〇〇〇年，中國加入WTO，改革開放進入了新階段。中國進一步融入世界經濟市場，漸漸在國際舞台上有了自己的一席之地。

二〇〇八年前後，奧運會、世博會先後在中國舉辦，「俏江南」也做為民族餐飲企業參與了這兩次盛會，我們的國家正逐漸成為世界矚目的焦點。

現在，互聯網覆蓋全球，我們每個人的生活都和網路密不可分，我們呼吸、行走，身邊無處不是網路。這無形的牽引，將世界上所有人編織成一個巨大的整體。

然而，回到最初那句話，「世界是平的」，世界真的是平的嗎？

這個「平」怎麼理解？

最早接觸「全球化」的概念時，印象最深的是小孩畫的畫。各種膚色、髮色、瞳色的孩子手拉手，中間圍著一個地球。這張畫所表現的情景非常理想化，實際上，世界一方面正在不斷被抹平，另一方面也在某些地方出現了比之前更深的坑窪。世界真的是平的嗎？不是的。至少現在還不是。

「中國有電視嗎？」

我在法國的時候，最常被法國人問到的一個問題，就是：「中國有電視嗎？」我國第一台國產電視機誕生於一九五八年，新中國成立之初。七〇年代，我國第一台彩色電視機誕生，八〇年代，電視機已經走進家家戶戶。到了一九八七年，我國的電視機產量已經超越了日本，成為世界上最大的電視機生產國。

外婆外公家有一台十六吋黑白電視，昆侖牌的。晚飯後，外婆、外公和我常常坐在電視機前一起看《正大綜藝》。爺爺奶奶家則有一台十八吋牡丹牌電視機，比昆侖牌那台略大一圈。別看就大這麼一圈，當時我覺得兩台電視機的區別很大，總覺得牡丹牌的這台要高級很多。

當時可選擇的節目不多，一共不超過十個台，連廣告對我來說也是好看的。有些廣告中的經典台詞，我和朋友們都能倒背如流，沒事瞎貧的時候就來一段。

有一則廣告不得不提，那是在一九九六年，《正大綜藝》中間插播的廣告，兩個衣著鮮豔的女孩邊跳舞邊說著廣告詞：「2560，2160，2950RZ，2550RZ，2150，2140……」她們說的是松下電視機的新款型號，當時正值亞特蘭大奧運會，松下電視推出了新款，同時聘請了新的產品代言人——兩個台灣女孩。那是台灣藝人首次出現在大陸播放的廣告中，當時在電視機前好奇地觀看的我，怎麼也想不到，電視上這兩個女孩中的一個在十餘年後會成為我老婆。

我出國那年是一九九七年，電視機在北京早已不是稀罕物，第一次被法國人詢問「中國有電視嗎」時，我感到既憤怒又震驚。

La Défense是巴黎的中心商務區，新凱旋門就坐落在那裡，那裡有一片開闊的廣場，我閒暇時常喜歡坐在那片廣場上看日落。有一回，我坐在La Défense的廣場上邊吃三明治邊看書，身邊緩緩走來一個法國老太太。她先禮貌地詢問我是哪國人，我答「中國人」，她聽了後，驚嘆了一聲：「哦！中國人！」法國人情緒鮮明，喜歡感嘆，這沒什麼，但她隨後詢問的問題卻讓我十分不舒服。她仍舊很禮貌地、面帶關切地問我：「你們中國有這些……嗯……現代化的建築嗎？」

她是指La Défense的高樓大廈，我點點頭說有，並馬上補充：「中國也有電視、有汽車、有餐廳……」

她一臉困惑，像是在認真聽我說，但很快，她就擺擺手說：「我問的是中國有沒有這些非常現代化的建築啊。」

我再次告訴她有，她又搖搖頭，問我：「你講法語嗎？」

我對她說：「我講法語，中國已經有很多高樓了。」

原來，她一直以為我沒聽懂她的問題。到最後我們也沒達成共識，她始終不相信我說的。在她的印象中，中國還是那個貧窮、落後、蒙昧不開化的國度，我見到歐洲城市的這些高級的建築、設施、電視機，應該感到大為震驚，就像哥倫布第一次發現新大陸那樣。

我在法國這樣的經歷不勝枚舉。法國人大多沒有惡意，但對中國十分不了解，懷有很嚴重的偏見。我憤怒，但又覺得無奈。做為改革開放後第一批「八〇後」中國留學生，我來之前，從未從任何人口中了解過外國人原來是這樣看待中國的——比起法國，加拿大要好得多，所以我母親沒有和我提及——毫無心理準備的我，一開始每一次被那樣詢問，都覺得胸口被直接扎了根刺，疼痛不已。

法國人的禮貌和高傲中，常常隱藏著對中國人根深蒂固的偏見，但這還算好，我還曾經歷過不少直接明瞭的區別對待。

我切菜不小心把手切到了，去藥店買碘酒。藥店裡，其他國家的顧客要買藥，店員都耐心地介紹，有時還直接幫顧客上藥。而店員看到我時，上下打量了我幾眼，問我：「你是哪國人？日本人？韓國人？菲律賓人？」

我搖搖頭說：「我是中國人。」

誰想，對方聽罷，直接把碘酒往櫃檯上一撂，轉身便離去了，我以為她去拿別的什麼東西，誰想她開始和其他店員聊起天來。

諸如此類的小事一點點累積，每一件都看似微不足道，卻觸動著我的心靈。當年，我那麼渴望出國，可到了國外我才體會到，國外不會讓我有歸屬感，永遠也不會。我明白了什麼是漂泊的浪子，明白了我的國家、我的民族對我來說是多麼重要。國外那幾年，我一直憋著一口氣，我每天都在想：自己將來學成回到北京，一定要努力做出一番事業，為中國人爭光。因此，國外的生活再孤獨、再艱難，我還是要咬緊牙關，完成學業。

我的民族自尊心就是在那時一點點扎根心中的，我憋著一口氣，想著自己以後一定要努力闖出一片天，不再被人輕視和瞧不起。

LV皮包，一個月限購一個

想改變外國人對中國的看法，是個極其漫長而宏大的目標，我知道自己一個人的力量微不足道，但總想著至少要從自己做起，不要做讓外國人瞧不起中國人的事。我常常感到無奈，不是因為外國人不願去了解中國，而是因為我們有些國人的素質確實有待提高，很多人常常做出一些損害民族尊嚴的行為，還不以為然。

如今，國人已經很熟悉「代購」這件事，不過我在法國留學的時候，「代購」才剛開始時興，做代購的主要是一些日本人。

LV的包包一直受到世界各國人歡迎，當年就有很多亞洲人趨之若鶩。日本人是做代購，買回來後在本國賣。韓國人是代購一部分，仿冒一部分。遺憾的是，我們國人基本都是仿冒。

正因如此，LV當時對國人的印象非常差，為了防止批量仿冒，他們特別規定，中國人購買LV產品需要登記證件，每人每月在這個品牌上的消費不得超過四千法郎。在當時，這個數額只夠買一個包包。

LV對日本和韓國人也有限購，只不過他們的限制比較寬鬆，我記得日本人每個月也只能買一次包，但一次可以買三個。

當時，有不少人消費數額達到上限後，就在LV的櫥窗前徘徊，拉住過往的留學生，希望他們能用自己的ID幫忙買個包，酬金是兩百法郎。

這對很多經濟不寬裕的留學生來說是筆很划算的生意。反正自己也不會消費這種奢侈品，只需出借一下護照，輕輕鬆鬆就能賺兩百法郎。於是，很多留學生開始將此做為收入來源。

可是每月都去買，自然就被店員認識了，有的留學生一進LV店就會被轟出去。我親眼目睹一個中國留學生被趕出一家LV店，我當時的心情很複雜，國人被這麼對待，我很生氣，可是我們自己也有做得不好的地方。我們明知道有人買那些包回國是為了仿冒，但為了那兩百法郎，還是要當他們的同夥。這樣不是更加讓人家瞧不起嗎？他們也不想想，中國人究竟是為什麼才被限購的，為什麼我們就不能有點骨氣呢？

有一次，一個國人也攔下我，希望我能幫他進店買個包，他說他也是幫一個日本朋友買的。我頓時覺得可笑又可悲，LV給日本人設置的消費限額比中國人多，還需要中國人幫忙嗎？那個日本人為什麼不自己買？

我說不買，並質問他：「你做這個丟不丟人？」

他見我語氣很硬，也冷冷回我：「不買就不買，不買拉倒。」

我多希望我們的國人能長長骨氣。我那時經濟也不寬裕，可我一次也沒幫人買過包。一想到那時LV的店員看到中國人時露出的那副輕視的神情，心裡就很不舒服。

二〇〇八年後，國人的消費能力上來了，整體素質也提高了一大截，我們對奢侈品的仿冒行為漸漸少了，這時候LV對國人的態度才漸漸好轉。

我們希望被別人尊重，首先要成為一個值得被尊重的人。在國外遇到不公平的對待，我雖然憤怒，但不會一味地認為都是外國人的錯，有些外國人是故意歧視中國人，有些是出於不了解，有些則是我們真的有做得不好的地方。所以我認為民族自尊心不是每天罵外國人，盲目地讚揚中國，而是懂得反省，懂得自強。我們要勇於面對自己做得不如別人的地方，並盡自己所能提升自己；要努力讓自己的國家更強大，這樣我們走出國門，才會被別人真正尊重，我們國家在世界上才能真正立足。

德國機場，兩天一夜

如果被詢問中國有沒有電視機、被藥店店員冷待、被LV限制消費額度都還算小事，緣於我個人比較敏感，那接下來我要說的事，不知是否還算「小」。

這件事發生在一九九九年，至今我還記得許多細節，它對我的影響是刻骨銘心的，想忘也忘不掉。以至於我現在反思，為什麼我有這麼強的民族情結？為什麼我對民族尊嚴相關的事這麼敏感？這些，都能從那件事中找到緣由。

那年，暑假結束後，我從北京返回巴黎，我為了節省路費，沒有選擇直飛航班，而是選擇了在德國機場轉機。

過海關時，海關的人拿著我的護照仔細端詳了半天，沒有放行，把我拉到一邊，厲聲問我：

「你這護照是哪裡來的？」

我哭笑不得，解釋說這是我自己的護照，上面還有我的照片呢。

誰料，那個海關的人和他的同事低聲交流了些什麼，隨後一個人走了，不一會兒，來了好幾個警察和一個翻譯。我記得那些警察個個身材高壯，說話時居高臨下，面無表情。

接著，那些人走到我面前，也是先看了看我的護照，隨即，那個翻譯問我：「你這護照是哪裡來的？」

能是哪裡來的？偷來的？搶來的？上面有我照片，看不見嗎？我心裡在咆哮，差點就罵出口了。

我耐著性子，再次解釋這護照就是我自己的，那時候我還沒想到接下來我會遭遇什麼。

那些人搖搖頭，其中一個拿著我的護照走了，我一看這情形，有點慌，於是問那個翻譯為什麼。翻譯跟我說因為我有非法移民嫌疑，現在需要拿我的護照去鑑定。

我急了，又是這種莫須有的罪名！我大聲辯解，說你們誤會了，那張護照就是我的！可是沒有人相信我。

突然，兩個警察把我一架，不由分說就把我拖進了德國機場的審訊室。

這是我有生以來頭一次被拘留，並且沒有任何違法行為。那些警察一本正經地，先把我拉去拍照，接著竟然不由分說地要脫我的衣服！

這回我完全忍不了了，衝他們吼，問這是要幹嘛？

他們冷冷地說是要搜我身！更可笑的是，那幾個警察什麼也沒搜到，還不依不饒，一直問我把毒品藏在哪裡了，同夥在哪裡，是哪個組織的。

我氣急了，警告那幾個警察：「你們這樣侮辱我是犯法的，我要找律師告你們！」

結果警告不僅無用，對方還變本加厲，頓時又進來三四個警察，每個身高都高我一頭，得有一百九以上。其中兩個上前，一下就把我架了起來，一個警察惡狠狠地跟我說：「你一個中國人，在這裡跟我們叫，信不信我們揍死你？」

接著，幾個警察按著我，讓我絲毫動彈不得。我咬牙切齒地跟他們說：「好，你們給我找大使館。」

就這樣，這撥警察走了。我被留在小黑屋裡，直到晚上都沒人再來管我。我一個人在小黑屋裡坐著，憤怒、羞辱、委屈、無助，那種被監禁的感受，那種無論怎麼解釋別人都不相信的無力，那種身心遭受的巨大恥辱，讓我永生難忘！黑暗中，時間流逝得極慢。出發前，曾和母親約定飛機一落地就打電話報平安，這時候她一定因為找不到我急瘋了。我腦海中幻想了無數次怎麼痛揍那幾個警察一頓，怎麼在法庭上對他們進行控訴，那時候，在我心裡竄動的已經不是一點點厭惡，而是強烈的仇恨！

晚上，突然來了幾個警察，他們莫名其妙地開了審訊室的門，讓我出去。外面就是機場，但我還是走不了，各個出口都有安保駐守。我四下一看，機場裡還有不少逗留的人，有的睡在長椅上，有的蜷縮在角落裡，有的則不安地走來走去。黑暗中，我看不清這些人的面貌，不知他們都是什麼人，只見一些黑影到處走動，偶爾能聽見咳嗽聲、細碎的談話聲。

後來我才知道，有很多人都和我一樣被扣押在機場，既上不了飛機，也沒法出去。有的人已經被關押很久了，就在那晚還發生了一件很瘆人的事，一個巴黎的妓女因為被關押在機場，在洗手間自殺了，次日早晨，還有警察到洗手間門口調查。我極受震動，一個生命就在我身邊沒了，那些德國警察在關押他們的時候，有沒有考慮過他們心中的絕望？好像他們的生命都是廉價的，不值一提的。我至今忘不了那幾個德國警察的樣子，他們是那樣高高在上，盛氣凌人，在一向倡導人權的西方國家，我卻並沒有感受到自己是被當成一個「人」對待的，他們看我的眼神充滿鄙夷，彷彿我只是垃圾，可以隨意處置。

幸好，我還能打電話，我趕緊拿電話卡給我媽打了電話，告訴她我現在的情況。她果然已經急瘋了，聽我說完後撂下電話就急急火火地到處找人幫我。七彎八繞，終於託到一個朋友給中國駐法蘭克福領事館打電話，交代了我的情況。接下來，就剩下等，漫長的等待。深夜，我在機場裡來回踱步、徘徊。

東方既白，機場的人也陸陸續續變多了，我坐在海關入口那裡等著大使館的人來。其間，我就在那裡看著一個又一個順利通過海關的外國人。那些日本人，沒有一個被攔下的；那些美國人，護照丟了，直接拿駕照補辦就順利過關了。那一幕幕，我看得真切，我的怒火，沒有因為法蘭克福那天燦爛的朝陽減少分毫。

就是在那時，我下定了決心，將來一定要做出成績，爭這口氣，哪怕只是一點點，我也想證明，中國人不都像他們想的那樣不堪！

中國駐法蘭克福領事館的人來了，和機場的人交涉，但他們說我的護照已經送到距離法蘭克福四百公里的地方檢查了，要等檢查結果，問什麼時候能檢查好，他們說不知道。

就這樣，我又開始等，又在機場等了四個小時，我的護照回來了，說檢查完了，沒什麼事，走吧。

我憋著一肚子話，想和這些人理論，但在這裡被扣押了兩天，我已經知道，這些人根本不講理，他們是什麼事都幹得出來的。

何況，我實際上已經不想再待在這個鬼地方一分一秒。

我回到了巴黎，那時候，我甚至覺得巴黎都充滿了溫暖，竟恍然有種回家了的感覺。

「離開，是為了回來。」

我心裡清楚，我一定要完成學業再回國，當時歐洲的文化發展水平、教育水準確實要強於國內，這也是我為什麼即使無時無刻不想回北京，還堅持留在國外的原因。每一次在國外遇到好人，甚至結交到朋友，我也都無比珍惜，是他們給我的留學生涯注入了陽光，讓我還懷著希望。在心底，我有一個理想的追求，希望有一天世界各國，無論什麼民族、什麼膚色的人，都能平等、友好、和平地共處。

那時候，我明白自己誤解了「世界是平的」的含意，這句話只講述了全球化的趨勢，這個「平」，只包含聯繫，不包含平等。除了我們中國人，還有很多國家、民族的人在世界上遭受歧視，這其中不完全是歧視者的問題，我們自身也有問題。但如果我們只是會憤恨、抱怨，那這個「不平」的鴻溝就會越來越深。

改革開放四十年，我們的國力不斷提升，敞開國門，有越來越多的外國人逐漸了解了中國，一部分人改變了對中國的固有偏見。現在的留學生在國外感受到的歧視或許比我當年感受到的少得多。祖國變強大了，國民的素質提高了，出國後外國人對我們的看法、態度也會改善。

很多人說，幹嘛那麼關心什麼民族、什麼國家，管好自己就可以了。但我想說，有時候一個民族的境遇，一個國家的興衰，都會直接影響一個人的生活，乃至命運。個人和國家是不能割裂的，尤其是當你出國後，無論走到哪裡，都甩不掉自己是中國人這個事實。你的行為會代表整個群體，別人也會用對這個群體的看法看待你。這一點我深有體會。

即使是現在，在國外的有些地方，外國人對中國人依然懷有偏見，這究竟是為什麼？除了不了解、溝通不夠外，我們還需要在自己身上找原因。魯迅先生曾用犀利的筆，尖銳地指出我們國人的劣根性，但這正是出於他對國家的愛，正是因為他對我們國家還懷有希望。

不過，反省並不代表全盤否定，有些國人因為對國家失望，變得崇洋媚外，忘記自己也是一個中國人。我覺得一個人民族的根是不能丟的，就算移了民，變了國籍，但膚色和骨子裡流的血都不能改變。有些根本的東西還留存著，外國人看你，也不會完全把你當他們國家的人看待。一個人失了民族的根，也就失去了一個歸宿，任何異國他鄉都不會真正成為歸宿，不管自己是多麼嚮往。

所以，我既不同意一味地說外國不好的狹隘的民族主義，也不認可盲目崇洋媚外，一個人應該首先認清自己是誰，清楚自己從哪裡來，然後充分了解自己的國家，了解它的歷史，了解它的現在，這樣，立場就不容易變得偏激。

七年的留學生涯，改變了我，塑造了我，讓我成為今天的自己。我之所以有今天的想法、價值觀、行為，很大程度上因為這七年的歲月磨礪。這七年，我看到、聽到、感受到許多過去從未知曉的東西，許多如果不親眼所見就不敢相信的事物，它們有好的、壞的，都是真實的，這七年，我收穫頗豐，滿載而歸。

美國作家桑德拉．希斯內羅斯的《芒果街上的小屋》中有一句話，我覺得用來描述我留學的這七年非常合適——「離開，是為了回來。」

離開七年，我終於登上了回歸故里的飛機。

順風順水的幾年，我的心飄了

Starck從未來過中國，聯繫方式只有一個信箱。這樣一位大師級的設計師，僅憑發郵件，我實在沒有信心能聯繫到他。沒想到他竟然回應了！接受我們的邀請後，Starck不久便來到中國勘察場地。

沉入谷底，而後重生

二〇〇四年十二月底，我回到了北京。

雖然之前學校放假時我也曾短暫回國，但每次都是匆匆忙忙，約各個朋友同學聚了一圈兒會，時間也就差不多過去了。這一次，我才真正有了「回歸故里」的感覺——這次是真回來了，不用再走了。

在家短暫休息後，我便叫了個計程車，往國貿「俏江南」去。

我剛出國那時候，北京遍地跑的還是「箱型車計程車」，二〇〇四年時，「箱型車計程車」早就退出了歷史舞台，僅這一個變化，就讓我有恍如隔世之感。

北京的道路拓寬了，路上的車也多了，計程車在二環路上堵著，緩緩地前行。計程車司機師傅跟我一路侃，大到國際時局，小到路邊菜價，什麼都能侃一點。侃著侃著，他把頭伸出車窗外往後看，感嘆一句：「霍，堵得真長！」

邁入二十一世紀的中國，加入了WTO，申奧成功，鳥巢和水立方破土動工，楊利偉乘著「神舟五號」載人航天飛船飛上了太空……這些歷史性的大事，都還是我在國外時從電視上看到的。我不知道該如何表達一個海外遊子得知這些事時的心情：獨在異鄉，身為異客，忽聞家鄉日新月異的變化，真的會激動萬分，熱淚盈眶，恨不得馬上撂下一切飛回祖國。

我家也在這些年發生了天翻地覆的變化。二〇〇〇年，第一家「俏江南」在國貿開業。我母親憑藉多年從事餐飲行業的經驗、精準的市場定位和獨具特色的設計構思，不到五年，「俏江南」

就成為了名氣響徹全國的大型餐飲連鎖店。母親的事業乃至人生，一下子走向了巔峰。

但在這次「崛起」前，我家發生了一件大事，不得不說。這件事，曾經使母親跌入人生的谷底，這件事，是我們全家的災難。

自從母親創業，經營起「阿蘭酒家」，我舅舅就一直在她身邊協助她工作。我曾寫過，舅舅從小和母親很親，母親既把舅舅當成自己的弟弟，又把他當成自己的兒子。而舅舅常在母親身邊，自然和我的關係也很近，我也一直很喜歡舅舅。

一九九九年暑假，我帶著兩雙從法國買的皮鞋回國，想送給舅舅。舅舅一向喜好時尚，我猜他一定會喜歡那兩雙鞋，我一下飛機就打電話到「阿蘭酒家」，想第一時間把鞋送到舅舅手裡。舅舅在電話裡說：「改天吧，這兩天很忙。」

舅舅管著「阿蘭酒家」的帳，每到開薪水的那幾天，他都忙得焦頭爛額，我回來那天正好趕上月末，正是忙的時候。我怕打擾他，便提著鞋先回家了。誰料，那竟是我最後一次聽到舅舅的聲音。

那天晚上，舅舅被歹徒殺害了。

後來，這群歹徒被逮捕歸案後，我才知道，他們曾犯下過多起命案，是當時京城有名的犯罪團夥，專盯所謂的「有錢人」，而我母親是當時京城小有名氣的女老闆，自然成了他們的「重點目標」。可是那段時間，母親去法國探望我，從他們的視線中消失了。歹徒就盯上了舅舅。舅舅以前學過拳腳，就有些大意輕敵了，他和那些歹徒搏鬥了幾個回合，誰料歹徒掏出刀來，兇殘地在舅舅身上捅了十六刀，而後逍遙法外。

舅舅沒了。那是我第一次經歷生離死別，失去的還是從小跟我那麼親的舅舅——帶著我去團結湖捉蛐蛐，滿胡同亂串的舅舅；能做出尼米茲級航空母艦的巧手的舅舅；和我一起去金盞，幫父親賣豆腐的舅舅；我離家出走，深夜在崇文門找到我，把我帶回家去的舅舅……一向愛我、疼我、保護我的舅舅，一個活生生的人，就這麼沒了。

有很長一段時間，當我在街上看到救護車的時候，我都不禁茫然地想，現在躺在救護車上的那個人，他是什麼感受呢？這個世界上的人都還活著，而這個人卻要死了。他死了，他的世界就消失了，他將與所有人隔絕，那個時候，他不孤獨嗎？不恐懼嗎？

舅舅走了，他活著的時候所做過的、說過的、經歷過的一切，在這個世上都找不到切實的證據了，只有我記得，母親記得，曾經認識他的人記得。但那一切變得像一場夢，一個人從世上消失，逝去的不僅僅是生命而已，還有許多記憶中的細節，許多藏在舅舅心中不為人知的東西。

暑假結束後，我必須要返回法國完成我的學業。那之後的幾年，每當我一個人走在國外的街道上，看著川流不息的人群時，心裡便常常生出一種恐慌，擔心自己忽然出什麼事，客死他鄉。

舅舅的死帶給我巨大的衝擊，讓我很長一段時間糾結於生死的命題，但同時也促使我思考人生的意義，活著的意義。過去，我總想著回國後要「做出成績」，給中國人長臉，但怎樣算「做出成績」，怎樣算「長臉」呢？人人都想掙錢，掙錢又是為了什麼呢？那時候，一連串的疑問常常在我腦海中徘徊，那些都是很難有答案的疑問，但我一直不能遏止地思索著，糾結著，直到我腦海中浮現出一個想法，那是在我長久地困惑於那些問題後的某一天，一個想法突然冒了出來：回國後，我想在臨終關懷方面做一些事。我希望能帶給那些生命垂危的人一點安慰，讓他們能在最後的時光過得舒服一些，少一點痛苦。

我因此生出了一個奮鬥的目標，它像一顆種子一樣種在我心裡。其實我並沒有一回國就著手這件事，甚至曾經有一段時間，我因忙於各種俗務，將這個目標忘記了。但這顆種子當時已經種下了，在適當的時機，經人引導，它還是漸漸發芽了。這是後話。

一九九九年，舅舅遇害後，母親一度沉浸在悲傷中不能自拔，不僅把「阿蘭烤鴨大酒樓」和「百鳥園花園魚翅海鮮大酒樓」轉讓了，還把她苦心經營近十年的「阿蘭酒家」變賣了。她把大量時間都花在追查殺害我舅舅的兇手上，誓要為舅舅的死討個公道。半年後，這個犯罪團夥終於落網。

母親決心從痛苦中站起來，重新開始。她用投資賺的錢和變賣餐廳的資金在國貿租了店面，開設了第一家「俏江南」……

回到二〇〇四年那個冬日，到了國貿，我走進店面，正值用餐時間，店裡生意紅火，人聲鼎沸。母親看到我，笑著招呼我過去。

「怎麼樣，好看吧？和外國的高級餐廳比，水準不差多少吧？」母親驕傲地說。

那時，母親的臉上神采飛揚，我知道，她已經把失去舅舅的痛苦埋在心底，憑藉她頑強的生命力，置之死地而後生，重新打出了一片天。

母親的創業之路，坎坷很多，她經歷的又一個難關，是二〇〇三年的「非典」（ＳＡＲＳ）。

「非典」肆虐時，北京是重災區。原本繁華的國貿變得空蕩蕩的，街上都沒幾個人了，一個個都戴著口罩，行色匆匆，片刻都不願在外面逗留，更別提去飯館吃飯了。飯館的客流量大多驟減，許多店乾脆歇業，讓員工都回老家休息，也省了水費電費。

「俏江南」剛開不到三年，剛做得有些起色，誰想到會遇到這種災難？「停業吧，雞蛋都漲到兩塊一個了。」當時，「俏江南」的執行總裁——我母親的得力工作夥伴安勇無奈地說：「那麼多飯館都停業了，食材的成本太高了，客流量也少，這樣下去，我們肯定會虧很多。」

母親當時也有些猶豫，安總說得不無道理，除了經營成本大幅度提高，客流量劇減外，店裡其實也人心惶惶。員工們雖然堅守著，但平日的言談中也流露出對「非典」肆虐的擔心。那時候，很多人因怕感染，都會減少出門，要員工每天堅持來上班，真的可以嗎？

當時，店裡雖然整體客流量減少，但有一類顧客卻是增多的，那便是附近辦公大樓的白領。那時周圍的飯館大多停業了，可還有一些單位尚未放假，很多白領無處可去，便都來「俏江南」吃午飯了。看到這裡，母親作了一個決定：「虧損再多，也要堅持下去！至少讓這些還在上班的人有地方吃飯啊！」

「非典」期間，很多企業為了節約成本，給員工的薪水減半，要大家「共克時艱」，而母親沒有少發員工一分錢。為了激勵大家，她還送給每位高階主管一支「萬寶龍」鋼筆。

一次，母親召集所有員工開會，她宣布，想回家的人隨時可以走，「非典」疫情過去後再回來，隨時歡迎。可是那天，竟沒有一個員工提出回家。母親放了一首〈真心英雄〉，歌到高潮處，所有人不禁跟著唱起來，很多人被當時的氣氛感動，熱淚盈眶。

那段時間，別的飯館都縮減了業務範圍，能簡則簡，而母親卻反其道而行之，推出了「送餐服務」，結果周邊很多人都在那段時間成為了「俏江南」的常駐顧客。那段時期，「俏江南」雖有虧損，但卻為長久而穩定的客源打下了堅實的基礎，品牌也因此更加深入人心。店裡很多員工因為共同經歷過那段艱難時期，變得更加團結，更有凝聚力。「非典」的劫難，在我母親的堅持下，反而成了一次轉機。

「非典」結束後，「俏江南」馬上就迎來了黃金發展期，業績呈爆發式增長，非典期間的虧損，很快就被填補上了。

母親在危難時期的決心和毅力都令我欽佩。她非常善於激勵人，而且自身就散發出一種極具感染力的自信。很多員工跟了她十多年，死心塌地，這和她的能力和個人魅力都是分不開的。

在店裡，我環顧周圍，看著員工們個個積極地投入在工作中，手腳勤快利索，看著店裡滿座、門口排隊的盛況，不由得感嘆：這就是我母親的「俏江南」，我母親的事業。而我呢，我今後的路要怎麼走呢？

母親遠遠地看到我，笑意盈盈，忽然看到一桌客人走了，服務員還沒到位，她對我喊了聲：「小菲，幫我收下盤子！」

一瞬間，彷彿回到了十年前，我每天放學後在「阿蘭酒家」寫作業，寫完作業幫母親收盤子、打掃衛生的時候。

事業的第一站

我一直有一個夢想——開一家屬於自己的、充滿設計感的、個性十足的酒店。我在國外學過酒店管理，當時就愛上了這個領域。加上巴黎是藝術之都，我在那裡結交了許多熱愛藝術、從事設計工作的朋友，自己也學了一點設計方面的東西，因而對設計工作也興趣濃厚。起初，我懷著滿腔熱忱與抱負，希望能快速開展自己的事業。

涉足餐飲行業，我有先天的優勢——從小就在母親身邊耳濡目染，回國後又常常聽母親聊她的「生意經」，開一家餐飲店或協助母親經營「俏江南」，對當時的我來說似乎都是更穩妥的選擇。

然而，面對當時已經極具規模的「俏江南」，我卻有些猶豫。我不討厭做餐飲，但我心裡總有股執拗，想證明自己的能力，想走出一條屬自己的路。我對母親說出了自己的想法，母親笑笑說：「『俏江南』不是家族企業，我沒想讓你當『繼承人』。『俏江南』是能者則上，你才回國，沒什麼實踐經驗，你掌握的那些都是理論，你不知道這裡面有多少門道。很多事你現在想著容易，實際做兩天，你就明白了。」

母親的話更讓我堅定了「自己幹」的決心。然而我還是迷茫，那年我才二十三歲，總覺得自己什麼都能做，但真的去做時，卻又不知從何處下手，從哪裡開頭。

那時，二〇〇八奧運會的籌備工作已經列入日程，很多關於未來發展計劃、投資計劃的討論都圍繞著奧運會。這是北京的大事、國家的大事，想要做些什麼的想法，自然縈繞在我和母親的心頭。母親有一個願景——開辦一家國際化的會所，這家會所將會非常漂亮、極具設計感。二〇〇八年奧運會期間，來自世界各地的賓客都會在這家會所匯聚一堂——她的願景日後實現了，「蘭會所」孕育而生。

我在外語上有優勢，對設計方面的工作又很感興趣，母親希望聘請國際知名設計師為這家會所做設計，需要人進行溝通、對接。母親找到了我，讓我「幫忙」。我義不容辭，何況，設計是我一直很喜歡的領域。

「蘭會所」建成後，一直由我負責經營管理。從根源上說，這是母親給我的機會，但具體怎麼經營，母親大多讓我放手去做，可以說它是我第一份真正意義上的事業。

「蘭會所」，與大師緣分的紐帶

二〇〇六年，北京第一家「蘭會所」正式開業。負責設計工作的是來自巴黎的設計大師Philippe Starck，熟悉設計領域的人都知道，Philippe Starck是一位享譽世界的設計天才。法國前總統法蘭索瓦·密特朗（François Mitterrand）的居所和史蒂夫·賈伯斯（Steve Jobs）的遊艇，以及紐約、日本、香港等一些知名酒店、餐廳，都是他的傑作，他的作品涉及各個領域，遍布全世界。藉由設計「蘭會所」這個契機，我與這位大師級的前輩建立了信任和友誼，後來「S Hotel」也有幸由他親自操刀設計。

Starck從未來過中國，聯繫方式只有一個信箱。這樣一位大師級的設計師，僅憑發郵件，我實在沒有信心能聯繫到他。沒想到他竟然回應了！接受我們的邀請後，Starck不久便來到中國勘察場地。種種興奮難以言喻，我在法國留學多年，自然知道Starck在設計界的分量，能夠請到他，哪怕他只是看過場地後隨便畫兩筆，我覺得都值了！

不過，Starck對待工作的態度極為認真，大到整體設計規劃，小到每一只水晶杯，Starck都有自己明確的要求，並且會一直跟進落實。他的工作效率驚人，勘察過場地後的當天，只過了一夜，Starck就拿出了「蘭會所」的設計初稿。後來他為我設計S Hotel時，亦是如此。

明確項目後，他的創意便源源不絕地湧出，建成後的「蘭會所」處處閃耀著大師創意的光輝：Baccarat水晶杯、拿破侖時期皇室風格的高背座椅、懸掛在天花板上的三百餘幅巴洛克時期名畫，各式各樣的珍藏古董，還有種種獨特而新奇的設施和裝飾，融合成獨具特色的混搭風格，繁而不雜，極具視覺衝擊力。看似無序的擺放背後隱藏著精心設計的秩序，各不相關的陳列營造出完美的和諧。Starck像是有魔力，不僅有無窮的設計靈感、天馬行空的想像力，還能將自己的想法快速連結成一個整體，在現實中實現。

有了Starck的傑出設計，又有「俏江南」的品牌積澱，「蘭會所」一開業就轟動了京城。與「俏江南」面向白領和家庭不同，「蘭會所」主要面向的是高端商務人群，顧客來「蘭會所」主要是在這裡宴請賓客，或是進行商務談判。

那年，我二十五歲，那是我第一次較為獨立地管理一家店，我在國外所學的那些管理方面的知識、理論，也第一次有了實踐的平台。

起初，母親還是希望將「俏江南」的菜品引入「蘭會所」，我對此持反對態度。這也是頭一次，我在經營理念上和母親有了衝突。

我認為，既然「蘭會所」的設計風格、面向人群和「俏江南」不一樣，那就不該引入同樣的菜單，否則「蘭會所」的菜品該如何定價就成了問題。價格定得和「俏江南」一樣，顯然和「蘭會所」的定位不符。而且從顧客來「蘭會所」的主要目的來看，「俏江南」的菜品也顯得有些不匹配。價格定得比「俏江南」高，那顧客為什麼要來「蘭會所」而不直接去「俏江南」呢？所以，「蘭會所」一定要根據自身的風格和定位，推出屬於自己的菜單。

母親和我爭論了幾回，最終她同意了我的想法，叫我放手去做。

於是，一場菜單的「改革」開始了。

當時的中餐師傅大多比較傳統，不太擅長擺盤。為此，我經常購買國外的美食書籍和雜誌，看到自己覺得不錯的菜品介紹，就將它翻譯成中文，給師傅們看。在國外吃到覺得不錯的菜品，我也會把創意記下來，回去後給師傅們講。我自己也在這個過程中獲得了不少靈感。

一次，我在國外一家米其林三星餐廳吃到一道菜，印象很深。那是一條魚，但卻蘊含著淡淡的茉莉花香。原來在魚做好裝盤後，廚師在魚上噴了一層茉莉花茶製成的香氛。我將這個創意記在心裡，回北京後，我在「蘭會所」的一道「宮保大明蝦」上加以借鑒改良，用龍井代替茉莉花茶，製成了「龍井宮保大明蝦」。這道菜問世後，立即受到歡迎。

有一次，我自己也突發奇想，發明了一道叫「文房四寶」的菜。那其實是一道烤鴨，「筆」是用來刷醬的刷子，「墨」即是用於蘸的醬，「紙」則是捲烤鴨的餅，而烤鴨本身則充當了「硯」。這道菜因為具有濃郁的中國風，看著也挺奇巧，所以也很快成了「蘭會所」一道人氣菜品。

經過我和「蘭會所」所有工作人員的一點點摸索，「蘭會所」的菜單逐漸豐富，服務流程也逐步建立起來。我在管理「蘭會所」的過程中不斷積累著經驗，這裡的營收日益增長，勢頭很好。

就這樣，「蘭會所」就在成長的過程中迎來了它的時運——二〇〇七年，北京奧運會的腳步越來越近了。

母親最初的願景，是希望「蘭會所」能成為二〇〇八年北京奧運會的一張「名片」，為北京「長臉」。「蘭會所」建成後，因著Philippe Starck的名氣，它很快就被各界名流所關注——一次，董建華夫婦來到「蘭會所」，對這裡的環境十分認可，隨後，便陸續有領導來「蘭會所」視察，最終，「蘭會所」正式被確定為北京奧運會指定接待外賓的場地。

Philippe Starck的傑出才華滲透在「蘭會所」的每一個角落、每一處細節，這裡自然而然地散發著一種吸引力，是一種雜糅了東方的古典優雅與西方的熱情奔放的混合的魅力，我對它有著絕對的自信，相信「蘭會所」可以當此重任。

奧運會期間，世界各地的政要名流都聚集在這裡。那時走進「蘭會所」，常常可以看到這種場面：以色列總統剛就完餐，正與身邊的人笑談；吧台邊，大衛・貝克漢（David Beckham）正和朋友觥籌交錯；往前沒走幾步，迎面款款走來，微笑著和周圍人打招呼的是東尼・布萊爾（Tony Blair，前英國首相）夫婦。Philippe Starck的傑作在這些政要名流的映襯下，愈發熠熠生輝。

有一次，「蘭會所」接到了一通投訴電話，原來，是一位中東國家的王子來到「蘭會所」，卻因會所爆滿而沒有找到座位。

那時，「蘭會所」每日人滿為患，通常都需要提前預訂座位。有時真會出現某國家的國王、王子到場時都找不到位置的情況。我們之前雖然已經盡可能協調，但仍舊可能因一時疏忽而怠慢了客人。為此，我們給那位中東國家王子寫了一封致歉信，並在另外一個時間重新邀請他來「蘭會所」。那次「插曲」是我們的失誤，但不得不說，出現那種情況真是一種「幸福的煩惱」。「蘭會所」在那樣的契機的助推下，真可謂釋放了它最大的潛力，迎來了最輝煌的時期。

我之前雖然因母親工作也曾見過一兩次名人，但一下子見到這麼多過去只能從報紙、電視上看到的人，我還是覺得像作夢。這些重量級的人物，每個單獨出現都是焦點中的焦點，更別提此時聚在一起，只能用「不可思議」形容。推門而入，那場面一定會讓你目眩。

我認為，像奧運會這樣的國際大型盛會對一個城市、一個國家的影響是不可估量的，奧運會前，中國的經濟雖然飛速增長，但世界上還有太多國家對中國了解甚少，還有不少像我在法國留學時遇到的老太太那樣對中國懷有誤解和偏見的人。（實際現在依然有人問中國「有沒有電視機」，你永遠不可能徹底消除誤解和偏見，只是這樣的人在二〇〇八年後少了很多。）奧運會前，北京雖然也是中國的首都，雖然也是政治、經濟文化中心，但它離「國際化都市」還有一段距離，北京做為「中心」，還不夠有凝聚力。奧運會召開，有很多外國人驚嘆，原來中國已經不像他們想像中那樣貧窮、落後，他們來中國的故宮、長城參觀旅遊，在胡同裡騎著自行車穿梭，吹著後海邊的和煦微風，第一次親眼看到了中國的樣子，如果沒有奧運會這個契機，如果沒有奧運會打開的這扇門，很多人還會固執地堅持以前對中國的看法吧。北京也因奧運會脫胎換骨，一躍成為「國際化大都市」，自打奧運會召開，北京的大街小巷出現「老外」的身影不再是一件新鮮事，北京一下子成了外國人眼裡熱門的旅遊景點，我們的旅遊業、服務能力，都因奧運會有了質的提升。「蘭會所」當時的盛況就像是北京的一個縮影，那麼多來自世界各地的政要名流匯聚一堂，彼此談笑風生，其樂融融，除了奧運會，以及不久後的上海世博會，還有什麼盛會有這樣強大的魔力？

儘管「蘭會所」當時匯聚了那麼多難得一見的貴賓，但有一個人的身影仍是我最為關注的，那個人便是我母親。奧運會期間，她忙完「俏江南」那頭的事務，還要來「蘭會所」幫忙。她換下工作西裝，穿上一身雍容的旗袍，踩著高跟鞋，在「蘭會所」幫忙接待客人。我看到，儘管她身體疲憊，但她臉上仍舊煥發著神氣與光彩，我知道，這是她夢想實現的重要時刻。

母親做餐飲，心中一直懷著一個宏偉的目標，那便是讓外國人更多地了解中國的餐飲文化，讓中國的餐飲走向世界。母親在加拿大打工時，發現國外的很多中餐館大多規模較小，主要是以家庭為單位的小店舖，店內硬體設施較差，廚師的烹飪水平也參差不齊。這樣的中餐館，很難給外國人留下「高端」的印象。別說外國人，就連中國人自己都有很多人對本國的餐飲懷有偏見，覺得中餐低端，上不了檯面。

我在法國的時候，發現法國人對自己國家的餐飲很自豪，法國料理在世界上也以「高端餐飲」著稱。我認為中餐的口味絕不輸給法國料理，也不輸給義大利、日本以及世界上任何一個國家的美食。

當然，中餐在製作過程中需要「煎炒烹炸」，油煙往往很大，廚房衛生不易保持，傳統的中餐師傅也不太注重擺盤，這些都給中餐走向「高端」增加了難度。

但母親並不因此放棄自己的追求，她從最初開「阿蘭酒家」時就很注重店內的裝潢，在保證菜品衛生、美味的同時，也很關注店內的環境。

母親認為，餐館中環境好，顧客就餐時的心情也會變好，心情好了，連菜都會變得更好吃。如今，幾乎每家中餐館都對店內裝潢格外用心，但在八〇年代那時候，這種理念算是很超前的。

母親一直懷著讓中國餐飲走向世界的夢，「蘭會所」能有幸參加奧運會，是時運，也是她多年努力的回饋。

對我來說，「蘭會所」從建成到後來經營，是我主要負責的領域，它不僅僅是我事業生涯中非常重要的一部分，也不僅僅是我成長過程中一段非常可貴的經歷，更寄託著我的一種情感。如果我母親是「圓夢」，對我來說，大約就是幫她「圓夢」吧。

母親可以說是個理想主義者，也是個非常有行動力的實幹家，這麼多年來因為崇敬她為人而一直追隨著她的人不少。這樣一個人，她不僅僅是我母親，也是值得我尊敬的前輩，對我來說，我要做的就是發揮自己的長項，盡自己最大的力量支持她的夢想。

我們的團隊一出場，別人就幾乎放棄了

在家門口召開奧運會，國內大部分餐飲企業都摩拳擦掌，想參與進去分一杯營銷宣傳的羹。就算沒參與進去，也想借著奧運會的熱氣做些相關宣傳。總之，奧運會對於很多企業而言是一次「營銷的盛宴」，它可能蘊含著無限的商機，對於民族品牌而言，這是一次非常難得的機會。

「俏江南」當然也不想錯過這次機會，但因為歷年參與奧運會招標的都是一些國際大型配餐企業，而「俏江南」此前並沒有大批配送的經驗，一下就參與競標，當時心裡還真有點沒底。

投標不是一件小事，這雖然是一次絕好的機會，但也隱藏著許多風險。例如，參加奧運會的人力、物力、精力、時間成本都非常高，單從收支上說，投資遠遠大於收益，這是「賠本賺吆喝」的買賣，要賣，只能賣人氣，賣知名度。然而，供應商和投資商有區別，供應商的LOGO是不能在奧運會上曝光的，這一點大大削減了宣傳的力度。何況，奧運會期間，「蘭會所」勢必有諸多事務

要忙，到時候我必定會分身乏術，基本幫不上「俏江南」的忙。

機會是很誘人的，但要不要抓住這次機會，還需要好好考慮考慮。

彼時奧運會餐飲供應商的招標已近尾聲，中標的團隊幾乎都已塵埃落定，但當時奧組委覺得這次是在家門口召開奧運會，機會實在難得，於是又增加了一輪招標，「俏江南」這才有機會參與競爭。權衡再三，母親決定報名參加。

我欽佩母親的魄力與決心，她最大的願望就是為中國餐飲揚名。時至今日，聽聞一些「地溝油」、「毒奶粉」等新聞，母親總是深切痛惜。她時常說，中國的食品安全問題不僅需要政策監管，還需要領頭人，需要榜樣。每一位從事餐飲業的民族企業家都需要以身作則，唯有如此，中國餐飲才能真正揚名、真正走向世界。

這也是為什麼她一定要抓住二〇〇八奧運會這次機會的原因，奧運會上，每份食材，精確到豬哪個部位的哪塊肉，都要能追溯源頭。因而為了保證食品安全，完善整條供貨鏈就成了很重要也很繁瑣的一項工作，需要專門安排人進行調研、登記。母親希望藉由參與奧運會，規範俏江南的食材管控，從源頭做起，細緻地把控食品安全問題。母親認為，只有把食品安全問題做好，「俏江南」這個品牌在未來才能走得更遠。

那是二〇〇六年一月末，而投標的截止日期是二〇〇六年二月七日，留給「俏江南」準備的時間只剩下十天了。十天內，「俏江南」就要拿出像樣的投標方案，在競標大會上與其他幾家餐飲公司競爭。

當時，「俏江南」有位高管叫魏斌，是我母親的得力助手。母親把魏總請來，與她配合工作。

母親認為這次競標最重要的還是展現出我們團隊的專業性，時間緊迫，她快速列出了幾個板塊：整個俏江南的基本情況介紹和市場管理運營算一塊，要介紹俏江南的基本定位、經營理念，過去所做的工作哪些能在奧運會運用，哪些是自身的長項。母親多年經營「俏江南」，魏總又常年在「俏江南」的第一線工作，對這塊內容自然是如數家珍，介紹起來駕輕就熟。

運營這裡，要具體到每個場館，要明確各個場館的定位，制定運營方案；採購是一塊。奧組委有規定的原材料採購點。採購後如何分配，如何整合，都需要細緻規劃；食品安全控制這一塊則是奧組委考察的重中之重，也是母親要重點規劃的領域；物流是一塊，奧運會上可能會產生許多突發狀況，遇到堵車怎麼辦，特殊天氣怎麼辦，有緊急情況怎麼辦，每個時間點如何規劃，都需要落實。這些地方則都是過去「俏江南」涉及較少的新領域，但也是「俏江南」在奧運會期間最能吸納經驗、成長的部分。

整個過程，我都聽母親介紹，如同親歷，也算是從旁學習、吸取養分。「蘭會所」也有許多需要籌措的事務，那段期間，我與母親都忙得毫無喘息的餘地。奧運會召開時，「俏江南」與「蘭會所」都要呈現出最好的狀態！

圍繞母親列出的大框架，魏斌迅速組建了幾個專項小組，帶著他們分工協作，不眠不休地工作了一個多星期，終於趕在競標的前一天完成了。標書是母親請專業公司設計製作的，成品十分精緻，像古色古香的典藏本。總共印製了八套，計劃分發給奧組委八個部門，每個部門將會針對不同的環節審核。八套放在一起，摞得像小山一樣高。競標那天，團隊成員們是用小推車將標書推到現場的。

競標那天，「俏江南」的團隊滿懷自信，意氣風發地來到現場。

標書剛一拿出來，就震驚了全場。甚至有其他團隊的人小聲嘀咕：「看看人家做的，我們還上去嗎？」

有些團隊的標書只有薄薄的幾頁紙，一下就被「俏江南」的標書鎮住了。那次，「俏江南」大獲全勝，毫無懸念地取得了奧運會餐飲供應商的資格。

我沒有「金湯匙」

二〇〇八年，奧運會正式開幕，「俏江南」負責五棵松籃球館、五棵松棒球場、豐台壘球中心、老山山地車場、老山小輪車場、老山自行車館、北京射擊館、北京飛碟移動靶場八個場館的餐飲供應，除此之外，還負責飲品零食的販賣、場館衛生環境的維護。

八月的夏天，頂著炎炎酷暑，「俏江南」全體員工齊上陣，上到公司高層，下到清潔員工，都參與到維護場館的工作中。連我媽在「蘭會所」忙碌之餘，都親自在場館裡賣起了爆米花。

「蘭會所」那邊也閒不下來，一天要接待好幾位外國首腦。有一次忙到夜裡兩點，還有一位總理要來。我們累得都快趴下了，但必須扛住，絕不允許自己把這難得的機遇搞砸……

就這樣，奧運會成功落幕。

那一年，我二十七歲。

我見過了世界各國首腦、超級巨星、各行各業精英名流，也見過奸商、流氓，甚至黑社會老大。我感受到了餐飲行業的包容度，它可以容納世界各個層面、各個層級的人。每一個人都有自己值得稱道的一面，即使是那些世俗所說的「壞人」，也有仁義之處，每個人也都有自己的缺陷，有自己來到這個世上需要不斷修行、努力才能漸漸彌補的地方。後者就是我們通常說的「成長」。

經常有人說：「小菲，我可真羨慕你啊，你是銜著金湯匙出生的，你家裡有這麼好的條件，一路都順風順水……」

我不願解釋太多，我知道對於很多人來說，我就是順風順水。即使後來我和我母親所擁有的一切是靠自己一點一點的努力換來的，很多人還是寧願相信我是一出生就有優越的條件。其實，如果真的是這樣，對於一個人反而是不幸的。因為他就不會努力，不會成長，也就很容易變得軟弱，遇到一點點坎坷就承受不了。外界覺得我是「富二代」還是「富一代」，其實並不重要，重要的是我不想成為那種軟弱的人。

所以回國後的這幾年，一方面我趕上了好時候，一方面我借著這個好時候拚命向前衝，一直到三十歲，我覺得自己衝上了人生的頂點。但是，不代表我內心沒有消極和陰影。我覺得成長是一個自我了解、自我接受、自我改變的過程。先是經歷，然後了解，了解到自己的長項和不足，然後慢慢消化、接受，做到了上面兩步，改變還是很難。

老一輩人愛說：「你跌的跟頭太少。」這句話對當時的我很適用。有些東西，不跌上七八個跟頭，不狠狠地摔一下，連意識到都很難，又談何改變呢？

我年輕氣盛，容易衝動急躁，這個弱點至今還伴隨著我，只不過藉由自己的不斷反省，漸漸有了一些改善。生活一直不斷用各種方式提示著一個人哪裡是他的弱點，哪裡需要做出改變。奧運會結束，一直到二〇〇九年末，我連續跌了幾個跟頭，都是生活對我的提醒。

年輕氣盛是成功的前提，也是危險的伏筆。

下了梁山，不再當「拚命三郎」

曾經的我，不管不顧，可以為了義氣玩命，現在的我卻變得特別惜命、怕死。我知道家裡還有人等著我，我得平安到家，我肩上有責任。

每次，別人的目標都不是我

曾經，我以為自己是個天不怕地不怕的人。

初中時期，學校附近常常有小混混出沒，他們總是遊蕩在學生放學回家的必經之路，攔住學生劫錢。我自己其實很少被攔住，因為我從小好動，小學二年級就被選入體校。得益於體校的訓練，我的體格當時顯得還比較健壯，看著「不太好惹」，而小混混則專喜歡挑「軟柿子」捏。

然而，正因為我經受過體校的訓練，對自己的體能很有自信，加上我自認為一直是一個正義感很強的人，好打抱不平，尤其在初中時期，我又對學校、班集體有很強的認同感，見不得自己的同學被欺負，這些因素加起來，促使我經常捲入和小混混的鬥毆中。每次人家的目標都不是我，我卻常因為路見不平成為打架的中心。

我骨子裡有衝動的一面，有時候頭腦一熱，往往忘記分析形勢。這種情形直到我在法國留學時還時有發生。有一回我獨自走在法國的一條小巷裡，當時周圍靜極了，有些詭異，突然從拐角處閃出一個人來，一把就把我的包搶走了。我不由分說，上去就給了那人一拳，把包搶了回來。當時覺得自己挺英勇，還和人吹噓，結果人家跟我說：「真險啊，萬一那人有槍呢？」我這時才覺得後怕，法國的確有很多劫匪身上有槍，萬一當時那人掏出槍來對我開上兩槍，我不就完了嗎？

然而，我的反省從來都是不深刻的，很快「後怕」就被拋到腦後。再遇到一些危險情況，我還是常常熱血上湧，好了傷疤忘了疼。

我想，我的這種性格，有一部分或許是源於天生。

我前面提到過，母親當年開「阿蘭酒家」時，店裡時有吃霸王餐的流氓惡霸。一次，一群人吃完飯不給錢，母親上前阻止，對方登時掏出槍來，抵住母親的後腦。那次經歷真是後怕，稍有差池，母親就完了。總之，我想我肯定繼承了母親的一部分基因，這種性格往好了說是臨危不懼，往壞了說叫不顧後果。後來我常想，以這種態度生活，一直能活到三十多歲，真是太不容易了，真要好好感謝上天。

我性格中好打抱不平的部分，也受到了後天環境的影響。

我父親雖然性格比較內斂，但是個極講義氣的人，也因此有許多交情深厚的朋友。我不知父親是何時與公安局的一些人結緣的，我只記得從我很小的時候起，家裡就常有許多公安局的叔叔過來做客。我自己也常常跟父親去公安局玩，和許多公安局的叔叔都混得很熟。其中有一位叔叔叫阮增義，後來他連續多年擔任北京市公安局的副局長，他在任期間破獲了北京市多起刑事大案。父親與阮增義叔叔是故交，我一直對阮叔叔佩服得五體投地，也因此受到薰染，在骨子裡種下了某種英雄主義情結。這可能也是我容易正義感爆棚，喜歡「路見不平」的原因之一吧。

不過，逞一時之勇的衝動和阮叔叔那種真正的英勇差別很大，儘管我表面上一直表現出「天不怕地不怕」的架式，但那些離「堅強」二字其實差得很遠。我只是常常控制不住自己的情緒，只是有「匹夫之勇」罷了。只是那個時候，我分辨不出二者的區別，還覺得那些因為衝動受的傷、掛的彩，都是證明自己勇氣的「功勳章」。

有很多年，一上了高速公路，我就愛敞開了開快車，不知危險為何物。那時候的自己真是個「楞頭青」，忘記自己還有母親，還有家人，總懷著一種單身漢「一人吃飽，全家不餓」的心態，喜歡貪圖一時的爽快。

其實，一個男人內心的強大，應該體現在保護家人的時刻，在真正應該挺身而出的時候絕不後退，毅然決然地站在妻兒前面，承擔迎面而來的風雨，這才是一個真正堅強、成熟的男人應該做的。這是我在後來結婚後才領悟到的道理。

是我的婚姻幫助我面對了一些自己一直不願面對的東西：深埋心底的不安全感、孤獨感，時常在心頭攪動的躁動不安……這些自我童年起就一直在。我想，其實這些才是促使我經常不顧後果，衝動行事的根源所在。

我身上存在一種矛盾：一方面我常常衝動，難以控制自己的情緒，另一方面我其實又一直渴望一種安定，一種內心的平和。究竟什麼才是我真正需要的？當我還是個「楞頭小子」的時候，哪會考慮這些呢？

我和我老婆的婚姻已經持續了八年，時間越久，一種踏實感越在我心中生根，這種踏實、安定的感覺像和煦的春風，溫和而持久地撫慰著我內心的缺失，正是來自婚姻、家庭的支持，才讓我逐步擺脫了青年時期的毛躁、衝動，讓我一點點真正感悟到了何為成熟，何為堅強。

八〇年代，父母雙雙下海創業的家庭不止我一個，父母離異的情況其實也不鮮見，但在小範圍內，我的家庭多少還是被視為少數、個例。有很長一段時間，我都覺得自己的成長環境很特殊。

就像我前面寫的，我爸創業後，事業發展情況一直不是很穩定，工作壓力很大。我媽常常對我爸「忠言逆耳」，卻更刺激了父親的自尊心。在我家那三十平米不到的小屋裡，總是充斥著他們的吵架聲。我常伴隨著他們的吵架聲入睡，在他們的吵架聲中醒來，成日不得安寧。

除此之外，爺爺年紀大了，身體不好，媽媽一直照顧他。老人總是很容易埋怨身邊照顧自己的人，誰對他越好，他就越容易和誰吵。因此那時候爺爺也常常和媽媽吵；媽媽被說得受不了了，又反過來跟爺爺吵。

我的曾祖母愛和曾祖父吵。曾祖父呢？或許是因為年紀大了，稍微有些糊塗，受了氣沒處撒，就和我吵。

週末，去外婆外公家時會稍稍安靜些。但外婆和外公也因為一些瑣碎的小事時有爭執。那時我當然不明白，成年人的世界多複雜，多辛苦。他們有他們的難處，也有各自尚未處理好的傷痛。而我既然不明白那些爭執背後的緣由和苦衷，唯一的選擇就只能是逃避了。

回想起來，其實在我的成長過程中，我一直有意無意地尋找著平和安寧的環境，這大概也是為什麼我初到台灣時，會對那裡溫馨熱鬧的氣氛一見鍾情，也對溫柔愛笑的我老婆產生了深深迷戀的原因吧。只不過在結婚前，我較少審視自己，對於自己內心深處時而浮現出來的渴求，我是迷惑的，忽視的，就算偶爾有察覺，我也沒法將那些感受看明白，說清楚。結果是，我常常會反其道而行之：骨子裡，我本不喜歡刺激，卻又難以控制自己的情緒，總是讓自己捲入危險。

在旁人眼中，我從小衣食無憂，學業順風順水，長大後的事業也有母親在前面鋪路，幾乎是要什麼有什麼。這些終歸只是局外人的「想當然」，而他們更加無法了解的是，我內心深處那份對安寧和溫情的渴望。

結婚八年，我總要往返於北京和台北之間。這條空中航線，已經飛了幾百回。只要全家聚在一起，哪怕是各幹各的，我也覺得很溫馨、很滿足。有時姐姐和弟弟互搶玩具，打得不可開交，哭聲震天；有時他們把冰淇淋吃得到處都是，玩具丟得到處都是……可是這亂糟糟的一切在我心裡，都是殷實的幸福。

我感謝老天給我和幸福相遇的機會，要知道，當我遇到幸福以前，我根本就不知道自己需要什麼。如果不是遇見我老婆，我不知道自己還要沒頭沒腦漫無目的地尋找多久，茫然多久。

寫這段文字的此時，想起不久前我在台北，一個人開車帶小玥兒去海邊玩。回來的路上，要經過一條很長很長的隧道。那條隧道足足有十五公里，路上車很多，六十公里的時速，開出隧道需要十五分鐘。小玥兒在我旁邊高高興興地東看西看，不時吃點零食，和我聊天。我卻一直很緊張，繃著精神，車開得小心翼翼。

時光倒退五年，我還是個經常在京承高速開快車的人，尤其遇到什麼急事，一腳油門，不管不顧。現在，我卻一路留意著隧道四周的逃生通道標識，時刻做好準備，萬一有什麼緊急情況，我一定抱起小玥兒跳車就跑。

那條隧道叫雪隧，二〇一二年曾因內部起火，發生過一場後果很嚴重的交通事故。想到這些，我更加謹慎。小玥兒在我旁邊，哪怕有一絲一毫出事的可能，我都承受不起。

曾經的我，可以為了義氣玩命，現在卻變得特別惜命。我知道家裡還有人等著我，我得平安到家，我肩上有責任。

與其說婚姻改變了我，不如說婚姻讓我重新發現了自己，更清楚地了解了自己真正需要的，真正想追求的東西。

「你這個人，神了！」

前面提到過，在北京奧運會期間，「蘭會所」做為指定接待外賓場所，接待了來自世界各國的重量級人物。那年我二十七歲，年輕氣盛，有機會和衆多政商領袖、超級巨星近距離接觸交流，於我而言，那既是一份幸運，又是一種考驗。風光中，其實暗藏著風險。

心理學上有一種說法，叫作「自我延伸」，就是當一個人接觸過很厲害的人後，尤其當和很厲害的人成為了朋友後，就會感覺到那個人是自己「自我的延伸」，彷彿自己也擁有了和那個人一樣的地位、才華、力量。生活中經常有人會炫耀自己「認識某某」、「和某某是朋友」，因為自己能身處某些圈子而倍感榮耀，這些都是「自我延伸」的體現。

但其實延伸的那部分並不是真實的自我，如果一個人能冷靜地審視，就會發現自己無論認識多少厲害的人，自己始終還是自己。自己的才華、能力不會因為認識多少厲害的人而改變。如果認不清這一點，心態就很容易膨脹。

那時的自己多少就有些膨脹了，感覺自己光環加身，心漸漸飄了起來。很多人、很多事，我都不再放在眼裡，總覺得自己什麼都見識過。

老天真的很神秘，在我飄得快忘記自己姓什麼的時候，一系列意外找上了我。我也因這些意外，重新找回了自己，真是禍福相倚啊。

第一次意外發生在二〇〇九年大年三十下午，我撞車了。好在是起小事故，人沒大事，就是心裡彆扭。說來也很神奇，事故剛發生，我母親在不丹結識的一位仁波切忽然給我打來電話，問我最近好嗎，並說他很擔心我。

我跟他講了撞車的事，他告誡我這一年開車一定要小心，一定要慢。電話那頭再三叮嚀，我一一應允。

緊接著，春節放假，我不知動了什麼念，心血來潮拉著「蘭會所」的一群男孩組了兩支足球隊，踢比賽。還當自己是軍體委員呢，熱中於「團隊建設」。

可能是太久不劇烈運動所致，踢球過程中，我的動作有些生疏，一個不留神，我被一個男孩鏟了一下。我一下跌倒在地，一時間天旋地轉，待我定了定神，腳踝處立即傳來劇痛。

我一看，這一下扭的，腳掌都快翻過來了，跑不了是骨折了。那男孩慌張地問我：「汪總，您沒事吧？」我看他緊張得都快哭了。

不想讓他太有心理負擔，我還強裝笑顏開了個玩笑：「你小子，跟我有仇是不？你這一下可夠狠的！」

我去望京醫院拍了片子，果不其然，右腳腳踝骨折了。

打上了石膏，我開始了漫長的「臥床休息」，為什麼說是「漫長」呢，我後面會細說。

二〇〇九年對我來說是很古怪的一年，那一年前後，我整整傷了四次，三次骨折，一次嚴重扭傷。踢球這次，只是一個開始。

三次骨折，我去的都是望京醫院，找的同一個大夫。後來連他都忍不住嘖嘖稱奇，說：「你這個人，神了，我當醫生這麼多年，沒見過你這樣的，剛走，又來了。」

從頭到腳，遍體鱗傷

二〇〇九年，國際金融危機在全球蔓延。「蘭會所」剛剛經歷奧運會的輝煌時刻，就忽遇嚴寒。措手不及的低潮，洶湧而來。

「蘭會所」主要面向的群體是高端商務人士，股票大跌、崩盤，諸多外企撤資避禍，均對「蘭會所」的影響巨大。我的腳因踢球骨折那時候，「蘭會所」的業績已經開始往下掉了，我卻因受傷不得不臥病在床，滿心的焦急無處釋放，一身的勁無處使，不覺感到有些身心失衡。

人生像波浪一樣，湧起之後，總要落下，落下之餘，還會湧起，總是起起伏伏，才會向前滾動，如果真的平靜下來，反而就變成一潭死水了。可那時候心還飄在天上的我，還沉浸在奧運會的成功喜悅中，甚至還懷著一種「無所不能」的錯覺，幻想著自己今後事業的一片坦途。人品嘗過成功的滋味後，對失敗往往更加難以承受。

養腳傷時還發生了一段小插曲。

一天晚上，家人都出去了，我一人在浴室裡泡澡。我把受傷的腳翹起來，擱在浴缸邊上，合著雙目，哼著小曲，整個人覺得頗為享受。正享受著呢，突然一下，周圍全黑了。後來才知道，原來是忘交電費導致斷電了。

但當時的我不知道是因為沒交電費。我家浴室的窗簾是電動的，一停電則完全打不開了，合得嚴嚴實實，外面一點光都透不進來，我也看不到外面的情況。

周圍伸手不見五指，靜得一根針掉地上都能聽見，真有點瘆得慌，最要命的是我不方便站起來！我喊了兩聲，家裡的確沒人，無助感頓時攀上我的心頭。

我費了好大力氣才從浴缸裡出來，摸黑找到了浴袍，越著急穿上，我的動作越笨拙。我還記得，我怎麼都找不到拖鞋了，只得光著腳，一瘸一拐地，扶著牆挪到樓道裡去。那真是太狼狽了！整個過程中，我強烈地感受到身體不適帶給心靈的影響。我著急、無助，還有點羞愧，我想自己這麼大個人了，竟然還需要這麼依賴別人？身邊沒個人就不行了？

我一個人站在樓道裡，喘著粗氣，往牆上一靠。那樣一件小事，竟讓我心裡五味雜陳。二〇〇九年年初「蘭會所」的業績下滑了大約三分之一，但畢竟還沒有虧損，我自信只要努力，一定可以讓「蘭會所」恢復到幾個月前的光景。可無奈動不了，好多需要我跑的事，都有心無力。後來想想，老天可能是刻意提醒我，提醒我慢下來，只是我沒有明白這份用意，沒有利用那段時間停下來好好沉澱、思考，或許正因為這樣，我才又接二連三地受了皮肉之苦。那天，我只有一種無奈的急躁，感覺有人故意要和自己作對，一身的火氣撒不出去。

一直到四月，春暖花開，大地回暖，我才終於養好了腳傷，可以丟掉拐杖正常走路了。這兩個月把我窩得，渾身沒勁，心情也沉鬱無比。一朝「刑滿釋放」，我那顆躁動的心，又不知著了什麼魔，竟然想到要去健身房鍛鍊鍛鍊，恢復一下活力。

想來也有點邪門，丟掉拐杖的時候，我突然一個閃念：這拐杖要不要留著？萬一以後又受傷了，還能用上，這麼扔了也挺可惜的……結果，我還真把拐杖留下了。我哪裡想到，自己的預感出奇地靈驗，這根拐杖很快就又派上了用場。

我一直有健身的習慣，兩個月無法健身，我身上多出許多贅肉，整個人的狀態也不太好，我想著去健身房練練上肢，不用腳，應該沒問題。就這樣，我跑到健身房，找了一個教練，我自信腳已經全好了，竟然沒告訴教練最近的受傷經歷。

教練按部就班地帶著我練上肢，開始感覺還好，但一個練背肌的動作需要下蹲，我一蹲，突然覺得腰一痠，人有點站不穩。

我傷的是腳，整個鍛鍊的過程中我都在關注自己的腳，卻沒太留意腰。我以為是自己太久沒練了，有些不習慣，便沒把腰痠當回事，還繼續練起了啞鈴。

一個鍛鍊肩部肌肉的動作需要用上腰的勁，這一下我突然覺得不行了，冷汗直冒，鑽心的痛從後腰散到全身。我只得跟教練說今天有點不舒服，練不下去了，便惶惶不安地離開了健身房。

怕自己再次倒下，我急切地來到附近一家按摩中心，我以為自己只是太久沒運動，一下沒留神把腰閃了，按摩按摩就好了，誰想到那次腰傷和之前的腳傷並未痊癒有關，是牽扯到全身的扭傷，不能隨意按摩。我同樣沒告訴按摩師自己的腳剛骨折過，按摩師還當是一般的腰扭傷幫我紓解。按摩室裡溫度很高，我昏昏沉沉地睡著了。

不知過去了多久，待我睜眼，局部的腰痠似乎好些了，可整個人有點說不出的不對勁。按摩師跟我說：「先生，已經按摩好了，您看看有沒有緩解一些。」

我應聲準備起身，誰料，這一動，腰部像觸電一樣刺痛了一下，隨即疼痛就像海浪一樣蔓延至全身，我又稍微動了一下，結果我幾乎要叫出聲來，劇痛過後，我整個下肢幾乎都沒有知覺了。

按摩師在一旁慌了神，結結巴巴地解釋：「您……您沒事吧？您不是說腰疼嗎？我就給您按摩了一下腰……」

我已經沒有力氣追究什麼，何況確實是我沒把腳傷的事說清楚，怨不得人家按摩師。那一刻，我只覺得大腦裡一陣轟鳴，滿心想的是「這回完了」，我不知道這下自己還得再臥床多久，且不說我的腳傷剛好，剛剛能自如活動，就說我接下來的工作安排，有的根本耽誤不起啊。

越是著急，我越是動彈不得，那天最後，我竟然只能叫救護車，是救護車的擔架把我抬回了家。忙忙亂亂，待一切終於消停了，我躺在床上深吸了一口氣，氣得一拳打在床上，一打，劇痛又纏上全身，這下，我徹底無奈了。想怨，沒處怨，我這是自作孽，不可活，純屬活該！誰讓我腳傷剛好就跑到健身房去鍛鍊，誰讓我不跟按摩師提腳傷的事？我這一系列的行動，猶如鬼使神差，真邪了。回想起仁波切給我打的那通電話，我更渾身發涼，感覺這些都是冥冥中注定，二〇〇九年注定是個災年！

但其實我後來冷靜下來回想，便意識到，那一年發生的種種並不是因為「流年不利」，也不是「災年」所致，只是我衝動、不顧後果的個性的映照，是多年來累積的內因結成的果。這種內在的「心火」在我取得成功之時聚得最為熾烈，待達到最頂峰後，如果我不懂得沉澱、反省，「心火」便會繼續蔓延，招致禍端，叫我品嘗到苦果。

所謂「命運」，難道不就是當內因積累到一定程度，被某些外因觸發，結成的看似「命中注定」的果嗎？人要想把握自己的人生，而不是被「命運」牽著鼻子走，則需要時時反省，時時總結，觀照自己內心的「因」，在「因」上不斷下功夫，而不是把一切都歸於「時運」，歸於外界。

這些是我後來漸漸明白的道理，只是當年，我的心還被不久前的成功囚困，又一味地為眼前的經濟危機發愁，騰不出心力和眼界去思考，去反省。我覺得自己像被藤蔓纏住的野獸一樣，使出渾身力氣掙扎，藤蔓卻越收越緊。我深陷於「時運」的大潮，只能埋怨外界，埋怨一切都是「運氣不好」。

腰受傷那週，我剛好安排了一次重要的會議。受金融危機的影響，「蘭會所」必須儘快謀求新的發展策略，以扭轉當時業績下跌的趨勢。在美國洛杉磯比佛利山莊，有一家同樣是Philippe Starck設計的酒店，叫SLS酒店，這家酒店裡有一個叫The Bazaar by José Andrés的餐廳，做得很成功。當時我想和對方聊一聊，一方面是希望取取經，一方面是想尋求一些合作。

我本來正因要去開會，希望自己能保持一個比較好的形象，才冒失地跑到健身房，結果卻事與願違。這回別說形象了，我連去都成問題。

幾天後，我身上帶著十幾片止痛藥，坐了十二小時的飛機——猶如在地獄走了一遭——勉強來到了洛杉磯。那種時候，我想的已經不是如何與對方會談了，滿腦子想的全都是「我該怎麼熬過這段時間」。

怕什麼來什麼，我越是希望一切盡可能順利，越是莫名其妙地遇到一些困境。SLS希望能在給「蘭會所」投資的同時收一些管理費，並想對「蘭會所」的廚房和菜單進行徹底改造，全部換成西餐，這與我和母親最初創立「中國的高端餐飲」的初衷相背離，因而會談不是很順利，我只得無功而返。

但最狼狽的，還是我到洛杉磯的那天晚上。那晚，我先和SLS的人勉強吃了晚飯，隨後便跌跌撞撞地回到酒店房間，原想好好休息一晚，次日以最好的精神面貌進行會談，結果半夜，我的腰痛忽然嚴重起來，幾乎跟按摩那天動不了的程度差不多了，偏在這個時刻，晚飯在我腹中作祟，我想上廁所！

叫天天不應，叫地地不靈，我第一次體驗到上個廁所都像極限挑戰的感覺。下床就已經很困難了，我站不起來，只能一點點爬到廁所。四下一片漆黑，我根本按不到燈的開關，只得摸著洗手池的邊緣，勉強撐起身子，上了有生以來最難的一次廁所。回去的路，又猶如萬里長征。

最窘迫的時刻來了，回到床邊，我發現床太高，怎麼都上不去。無奈，我在地上坐了一宿，這一晚給我折騰得，基本就沒睡。

次日清晨，腰比夜裡的情況好了些，我可以起身了。我扶著牆，挪到酒店一層的SPA，當地的理療師用石頭熱敷我的肩膀、後背、大腿，我的腰才稍有緩解，這才勉強參加了會談。會談之前，因我的狀態不佳，我便對結果已有預感，最終果然是失望而歸。

我一個磚塊就拍了過去

噩夢般的三月、四月終於過去，國際經濟有回暖之勢，「蘭會所」的生意狀況也有所好轉，腳傷腰傷也終於離我遠去。

那時都說二〇〇九年的金融危機快過去了，大家對未來估計得比較樂觀。我傷痛痊癒，也想讓自己放鬆放鬆，於是，又一次掉以輕心。

一天晚上，蘭會所來了幾個外國人，他們都是美國大使館工作人員的親屬，都很年輕，愛玩，平日裡哪裡熱鬧就往哪裡跑。那晚蘭會所正在開一場Party，他們便聞訊而至。

夜深了，但年輕人們的精神活力絲毫不減，Party正要進入高潮階段。我去洗手間方便一下，這時，忽然接到一個電話。

「菲哥你快出來，他們要打我！」是「蘭會所」的一個男孩。

我一聽，敢在「蘭會所」打人？趕忙衝出來，看見那幾個外國孩子圍著給我打電話那個男孩，果真是要揍他的架式。

當時，幾個外國孩子也喝了不少，酒勁上頭。好幾個人圍著我們那個男孩，不知之前發生了什麼，他們就是不依不饒。

我平日便對這些外國孩子在北京的種種行徑心懷不滿，這些孩子仗著他們的老爹，狂傲得很，整日橫行霸道、胡作非為，卻又沒人管得了。在別處鬧也就算了，今天竟然要找我店裡員工的麻煩，我不能忍，便上前勸，說話語氣重了些：「幹嘛呢這是？要打架啊？還沒完了？」

誰想，還沒等我反應過來，那個領頭的外國男孩，一拳招呼過來，正打中我的鼻子！他們一臉的愛誰誰、混不吝，彷彿天底下沒有誰能制住他們。那一刻，憤怒湧上我的頭頂，不僅僅因為莫名其妙地挨了一拳，還因為心裡有種壓抑已久的憤慨，我的情緒像火山一樣噴發出來。好，你們愛誰誰，我也愛誰誰！我反手便是一拳，這下，他們急了，叫囂著向我攻來，我店裡的幾個男孩也衝了上來，雙方混戰，一下成了群架。許多昂貴的杯盤，在鬥毆中摔得粉碎，情急之下，名貴的桌椅都成了武器，向對方招呼過去。

不知戰了多少回合，對方打不過我們，落荒而逃。剩下店裡狼藉一片，損失慘重。一個店員勸我：「小菲哥，你也快跑吧，萬一一會兒警察來了呢。」

我當時有些糊塗了，聽了他的話，跑了，可是跑到半路，忽覺得不對勁，明明是他們先動手，我勸架被打，我憑什麼跑？我怕警察？我還沒報警呢！氣不過，我折了回去，沿途經過一片工地，我抄起一塊磚頭，腳下像乘了風似的，往「蘭會所」狂奔。

我在外國留學時，中國人在國外並未受到平等待遇，很多外國人瞧不起中國人。可是現在外國人在中國，卻像大爺一樣，走到哪裡都要中國人為他們讓路。憑什麼？難道我們在自己的地盤也要被欺負嗎？那時候翻騰在我心裡的，不僅僅是那一場爭鬥，還有多年積壓在心裡的有關民族自尊的情緒。當時我想，不管你們跑到哪裡，我都要追到你們。我一定要你們向我道歉！我要讓你們明白，不能隨便在中國打架、鬧事，我們也不是好欺負的！

當時，我跑到「蘭會所」樓下的停車場，正看見領頭打架的那個男孩站在那裡，旁邊站著的成年人約莫是他的父親，這一老一小正和一個警察抱怨，說我們打人！真是惡人先告狀！不過我猜他們還是有些心虛，因為他們一回頭，看見我過來了，頓時顧不上說了，兩人鑽上車，一腳油門就跑。我追在後面，鼓足了勁把手裡的磚頭扔了出去，「咣噹」一下拍在了他們車子後備箱上，砸出一個大坑。

我跳上自己的車，瘋了似地追他們。警察在一邊都看楞了，不敢插手。當時在北京，涉及外國人的事，警察們總是要猶豫一下的，怕挑起國家間的矛盾。我開著車，油門踩到底，從那個警察面前飛馳而過，他亦沒有阻攔。

長安街上，風馳電掣，我發了瘋似的追那對父子，誓要討個說法。仁波切對我說的話，早就隨著風飛到了腦後，不久前受傷的慘狀，也被我拋到了九霄雲外。

我開著車在城裡兜了一圈，終究沒追上他們。我的鼻梁不時發出陣陣生疼，後來我去驗傷才知道，原來剛才那莫名飛來的一拳把我的鼻梁打骨折了！

可我哪裡顧得上鼻子，幾個小時後，天剛擦亮，我便去找我的一個朋友。我的那個朋友平日和使館工作人員的家人們走得挺近，我料他一定熟悉那幾個孩子的行踪。果然，朋友聽我一描述，就大致知道是哪幾個人。他帶著我去了那幾個孩子的住處，結果他們不在家。朋友推測，他們愛玩，一般都要玩一個通宵，他們很可能又去哪裡接著參加Party去了。

我一聽，氣得夠嗆，他們在我店裡大鬧一場，把我鼻梁骨打骨折了，現在還能這麼逍遙？我開車迅速到達朋友說的Party現場，進去找了一圈，結果沒找到。我便又找到朋友，讓他幫我遞句話，我說：「你要是看見他們，就跟他們說，讓他們馬上去警察局自首！」

朋友邊應邊安慰我：「行，我一定轉達到。」

我怒氣沖沖地接著說：「你告訴他們，五點前他們不來自首，被我抓到，咱們就死磕吧！」

接著，我便去了警察局，在那裡等著他們來自首，等到天快大亮了，真來了三個人，我一看，就是那三個打架的外國孩子，警察跟著他們，遠遠地踱步而來。可來是來了，走近了，他們臉上卻一點抱歉的神色都沒有。彷彿來警察局，就是玩一趟的，見了我，還趾高氣揚地又笑又罵。要不是在警察面前，我真的想一拳掄上去，堵上他們的嘴。

隨後，三個男孩被隔離拘留，我再問情況，警察答得也很含糊。涉及到外國人的事，警察通常都很謹慎，一時之間也不知如何是好，只能先將幾個人拘留著，商量後再定奪。

左等右等，等不到結果，這時，我才察覺到鼻子正一陣陣地竄著痛。

我把此事和我的幾個朋友說了，朋友聽聞後給我支招，說警察不是要先商量嗎，我可以先去找法醫驗傷，拿著驗傷結果再來找警察，兩頭不耽誤。我聽他們的，去了東四環的一處驗傷中心，這才知道自己的鼻梁已經骨折了。

鑑定結果是「輕傷」。法律規定致人「輕傷」者可以判六個月到三年有期徒刑，算是很嚴重的了。

驗傷報告拿在手裡，我才又去了望京醫院，醫院的大夫看了看我的傷，說不算大事，隨即手法嫻熟地把我斷了的鼻梁掰回去了，淡定地說：「你這是輕微傷。」

還補了一句，「怎麼還沒幾天呢，又看見你了，你來得還挺勤。」

法律規定「輕微傷」只能拘留幾天，我有點起急，和大夫解釋，說我剛在法醫那裡鑑定過，是「輕傷」。隨後講了事情原委，那大夫聽了，也跟著氣不打一處來，連說「怎麼能這樣」，臨了，他斬釘截鐵地說：「你這個，是輕傷！」

得，又變成輕傷了。

三撥人圍著我，真夠有面子的！

拿著驗傷報告，我返回警察局，那時已經是正午，折騰了整整一夜加一個上午，我也有些疲憊。到了警局門口，看見門口站了不少人。隨後我了解到，他們是三撥人，美國大使館的、外交部的、公安局的。沒想到這件事讓那麼多人出面，陣勢如此龐大。我警覺地看著他們，精神繃緊了，心想不管你們怎麼說，這件事我一定會堅持到底，絕不讓步。

一位女士，美國大使館的，見我來了，立即笑臉相迎地上前，她態度友好並滿懷歉意地對我說：「汪先生您好，我是使館方面的負責人，得知我們同事的家人出事了，就過來想和您溝通溝通，您看……」

我當即擺手，說：「這件事沒得溝通。我懂法，打人他就得坐牢啊，官員有外交豁免權，可官員的孩子沒有，而且你們這些孩子憑什麼打人，把我鼻子都打斷了，我剛去鑑定過，法醫說是輕傷。你們以為在任何地方都能霸凌人家？你們不用說了，這件事我一定會堅持。」

對方又說：「那咱們和解好嗎？您看……」

我說不和解，一定要走法律程序，該判刑就判刑。

對方見說不通，一時語塞，雙方僵在那裡了。

並非我得理不饒人，至今為止，沒有一個當事人出面向我道歉。眼前，為了那幾個外國孩子，竟然出動了這麼多人，這麼龐大的陣仗，這麼多人面對著我，希望求和。他們的態度再溫和，這也不是平等的溝通。我雖然占理，但也同樣感受到來自那三撥人的無形壓力。母親和我都經營企業，因而我有一些錢，也有一些朋友，但我終究還是個普通老百姓，這件事放在任何一個普通老百姓身上都會覺得憤憤不平，也都會覺得有壓力。大使館、外交部、公安局的人，哪一個都不好得罪。我因而想到，若我沒有錢和朋友，解決這件事會更難，我可能會怕，會妥協，會答應和解。曾經在國外留學時，有很多很多時刻，我都感覺自己孤立無援，受了欺負，也只能往肚裡吞。這句話說來有些人可能會不理解，甚至覺得可笑，那就是：我比很多人更能感受到，有些時候，我背後是我的祖國。我不僅感受到的是我自身的屈辱，還有國家的屈辱。每一次妥協，每一次迫於壓力的和解，都讓我感受到有人正在用鞭子抽打我的國家，那些嘲笑我說「你別動不動就國家」的人，就是魯迅先生當年筆下所寫的，砍中國人頭時在一旁圍觀的中國人，他們是幫兇。

我不妥協，對方沒辦法，但又不願放棄，他們商量了一陣後，就坐在警察局門口，不說話也不走。

這時，我的幾個朋友也來了，陪我坐著。就這樣，四撥人都坐在警察局門口，沉默著。警察還在焦頭爛額地商量事情怎麼解決，也沒管我們，大家都這麼坐著。本以為會僵持很久，結果沒想到，那些大使館、外交部的人其實也是奉命而來，執行任務，到了下班時間，他們就都撤了，只剩下一人留守，就是一開始跟我說是使館方面負責人的那位。天色漸晚，我們竟然在警察局門口聊起天來。

那種感覺很奇特，白天你們是敵人，到了晚上，又能像朋友一樣暢聊。彼時是四月，晚風有些涼。深夜，燈全熄了，往警察局裡面看，黑漆漆一片。周圍有一種靜謐的氣氛，讓我忽然有些疑惑：我在這裡究竟是幹嘛呢？

將近兩天兩夜沒合眼，我累極了，那三個大使的孩子還在警察局裡被拘留著，不知現在怎麼樣了。留下的那個人不時和我聊兩句，氣氛很平和。

我閉上眼睛，想稍微休息一會兒，可周圍靜極了，反而讓我覺得有些古怪，閉著眼睛，頭腦依舊思緒紛飛，這幾天白天黑夜連軸轉，讓我對時間的感覺有些錯亂。我想起前夜自己驅車瘋狂追那對父子的情景，想起自己一大早去敲朋友的門，然後滿世界找那對父子的情景。想著想著，我忽然想起多年前，我在德國機場被扣的那一回，那次，我被囚禁了兩天兩夜，那時的屈辱和憤怒還在我心裡。我想起當時自己被誤解，被錯怪，無論怎麼解釋都無濟於事，現在一想起來，我的心口還覺得有什麼堵著，腦海中還會冒出反駁和解釋的話，這些話，當時都沒來得及和那些德國警察說。

對這些外國孩子來說，解決這樣一件事太過容易，他們甚至不覺得這叫事。可是對當時的我來說，卻一度陷入絕望的境地。於是，我下定了決心……

我不要錢，我只要一個態度

次日上午，昨天離去的那些人又回來了，見與我和解不成，就繼續在警局門口坐著。一下又耗到了正午。那時我已疲憊至極，心想這不是辦法。

這次衝突，我自己並非沒有責任，我是勸架的，我本該制止雙方的鬥毆，但我卻參與其中。為了追那幾個人，我大半夜把車開那麼快，也著實危險。

我決定退一步。於是，我走進警察局，跟警察們說：「我不追究他們的刑事責任了，但要他們給我道歉，要當面給我道歉。另外一個，我的鼻梁骨折了，加上我店裡的損失，我要他們賠償二十萬。什麼時候拿出二十萬，我什麼時候簽和解書。」

我知道，二十萬對於這些外交工作人員來說不算小數目，他們其實也是拿正常薪水上班的，手頭不會有太多現金。然而，相對於我的損失，二十萬真不多，「蘭會所」很多桌子、椅子、杯盤都砸壞了，損失絕不僅僅是二十萬。

隨後我便回家睡覺去了。兩天兩夜未眠，我倒頭便進入了夢鄉，再睜眼已是次日中午了。打開手機一看，屏幕上躍然跳出數個「missing call」，都是警察局的來電。我趕忙回撥過去，對方急切地對我說：「你人呢？條件對方都答應了，你快來吧！」

我一驚，沒想到他們這麼快就湊出這二十萬，當即趕往警察局。只見警察局門口，使館的工作人員們齊刷刷地站著，那個領頭打架的孩子的父親對我說：「汪先生，這件事實在是對不起，是我們管教不嚴，我們已經給他們買好了回國的機票，他們不配待在這裡。賠償我們給您帶來了……」

我一看，他們果然掏出一疊一疊錢，皺巴巴的，竟然還有五十元的鈔票，一看就是臨時湊的。他們對我說：「汪先生，我們湊了很久，實在沒這麼多現金，這是十五萬，您看行嗎？」

我一時不知該說什麼，竟有些啼笑皆非。其實從一開始我就打定主意，我要的只是一個說法，一個誠懇的道歉。對我而言，有些東西不是錢的事，我只是想讓那些孩子明白，中國也是有法制的國家，不能隨便惹事，闖禍了，就要自己承擔責任。

那幾個孩子出來了，早就沒了一開始的神氣，一個個哭成淚人兒，在我面前不住地道歉。

我說：「我不要這十五萬，你們拿回去吧。家具我自己修，算我認倒楣。我只是想讓你們知道，不是在哪裡隨隨便便都能打人，都能輕易霸凌別人。我只是希望你們能用一個好的態度來解決這件事。錢我不要。」

我話說完了，在場的幾個使館工作人員竟然鼓起掌來，還要求和我合影。

事情結束後，我暗暗得意，覺得自己辦了件挺漂亮的事。這幾位使館工作人員之後還經常光臨蘭會所，我們可謂不打不相識。

事情就這麼過了，結果還不錯，可是過程呢？為了追那對父子，我把仁波切對我說的話拋到腦後，不顧一切地開快車，這在現在根本不敢想像。那個時候，我還覺得自己挺酷的，逞了回英雄。現在想起來，其實當時我還是很過激的，兩天半加兩夜沒睡覺，鼻梁子骨折著，滿城瘋跑。如果那時我真的出了什麼事，之後的一切都會成為浮空泡影。

如果說那件事的結果不錯，我沒受到教訓，那緊接著發生的一件事，便給猶如在高速公路上急速狂奔的我一記重錘。因為那件事，我差點丟了命。

二十八歲生日的生死課

人活著的每一天，所擁有的一切都不是理所當然的。有些人願意付出所有，只為換得在世上多活一天。我又何德何能，因為控制不住自己的脾氣，去揮霍這樣珍貴的生命呢？

軋路機和我擦身而過

那是二〇〇九年六月二十七日，我生日的凌晨。我一個人坐在長安街的路邊，從未有過那樣的無助與徬徨。

天還未大亮，不遠處有輛大吊車，它無聲地運作著，在灰濛濛的天空下，像個威嚴的怪物。不一會兒，又有一輛軋路機飛快駛過——不是那種老式的、笨重的軋路機，它的速度非常快，一瞬間就過去了——夜風吹起，風中有許多土灰，颳得我一頭一臉，好像是特意為了增加我的狼狽似的——我的右腳在一個小時前被長安街上的軋路機碾過，狀況不明。萬幸，只是我的右腳，若當時我再稍稍往前一步，可能整個人都會被碾軋進水泥地裡，連屍骨都不好找。

為了籌備祖國五十年大慶，長安街在夜晚進行大修，而我偏巧誤打誤撞地來到這片施工現場——我不該來，受傷了也是活該，可我都不知道自己是怎麼來的！

右腳疼得已經失去了知覺，我開始擔心一會兒該怎麼站起來。長安街上沒有計程車能停靠，我所在的道路這邊一直到凌晨五點都限行，我被困在路邊，叫天天不應，叫地地不靈。

那天，我比任何時刻都深刻地明白了一個道理：老天給我的最好的，也是最珍貴的禮物，就是我的生命。幾個小時前我氣憤到極點，好像生活中一切美好的東西都消失不見了，我什麼都看不見，眼裡只有那些小小的爭執、爭吵。可現在想起來，即使是那樣的時候，我也是幸福的，受到老天眷顧的。能活著，已經是最大的幸運。

那是我那段時間第三次骨折，也是最嚴重的一次，右腳粉碎性骨折，差點落下終身殘疾。同時，那約莫也是我這些年離死亡最近的一次。

走到今天，我已見過不少生離死別的時刻，我知道生死只在剎那間，絕不可逆。生與死之間，隔著一條凡人難以逾越的大河，機緣巧合，只差分釐就能決定命運。人活著的每一天，所擁有的一切都不是理所當然的。有些人願意付出所有，只為換得在世上多活一天。我又何德何能，因為控制不住自己的脾氣，去揮霍這樣珍貴的生命呢？

印度，冰火兩重天的世界

幾天前，距離我鼻梁骨折一個月左右，我去了一趟印度。我和我媽都信佛，這次來，一方面是旅遊，一方面是來拜見十七世大寶法王。

我到達新德里時已是傍晚，我媽已先行一步，跟著親友團大部隊到了泰姬陵。機場這裡有我事先預約好的車，我準備坐車去泰姬陵和她會合。不得不說，這裡非常混亂，吆喝的、到處亂跑的、隨地大小便的……人潮洶湧，人群冗雜，嚷嚷聲、狗叫聲，還有不知是什麼的轟鳴聲，此起彼伏，讓我心裡有些不安。

好不容易找到此前預約好的車，沒開多遠，就遇到一個中轉站，司機把車停下，說去交過路費，而後就不見回來。本來我心裡就有些不踏實，這下更猶疑起來，於是，看看四周，我偷偷跳下了車，在附近找個地方躲了起來。畢竟人生地不熟，還是稍微有點自我保護意識吧，我想。

後來又等了好久，大約過去四十多分鐘，司機終於晃回來了，我在附近觀察他，看他真是一個人，又確認了一下周圍，確定沒人跟著他，這才假裝匆忙地趕了回去。我說我去解手，對方也沒懷疑。就這樣，車子一路顛簸，開了六個小時左右，終於到達了泰姬陵。

到了，還沒來得及參觀，我媽他們的行程已經結束了，說是又要回新德里。得，白跑一趟。次日，我和我媽便跟隨親友團返回新德里。一路上，耳邊仍舊是嘈雜不絕，車子仍舊是快要把屁股顛裂，不過這回我的心比來時踏實一些，得以認真地觀看沿途風景。

說是風景，實際真的不敢恭維。街道建設很差，走幾步就有一處坑窪，導致車就沒開穩過。馬路窄，人多，不遵守交通規則的也到處都是，有很多路口根本就沒有紅綠燈。其他公共設施也很不到位，很難找到垃圾桶、公共廁所，因此隨處可見亂扔的垃圾，隨地大小便的人。然而，有些酒店和商場卻建設得很好。新德里的酒店很漂亮，無論從設計還是從舒適度來說都是一流的。商場品牌繁多，種類很全，大牌名牌一個不落。酒店和商場與街道和其他建築形成鮮明的對比，讓人感慨為何在同一座城市中還有如此冰火兩重天的兩個世界。後來經過了解，我大概知道了其中緣由。原來那些酒店和商場都是私人經營的，其餘的是國家負責。在印度，凡是私人經營的都做得不錯，老闆自己約莫也有些思想，跟得上國際化潮流。大凡國家負責建設的地界都不怎麼樣。

箇中緣由，頗為複雜，我想根源是印度的國家制度。在印度，政府想執行一些決策非常困難。國家想修路、建設，但是每隔不遠就會遇上一片私人土地——保護私人土地是保護私有財產的重要體現，印度首先不能違背自己在民主自由上的堅持，這就導致無數土地糾紛，公與私的長期矛盾。以至於國家想做的事都很難開展，私人的卻越建越好，差距就這樣一點點拉大。

沿著狹窄而擁擠的街道，車子慢慢穿行，一路上看到人頭攢動，雞飛狗跳，也看到一些讓我備受觸動的景象。比如有人在路邊唱歌，歌聲舒緩悠長，絲毫沒有悲痛，可是這些人面前卻停著一具屍體，原來那便是葬禮了，簡易又有種微妙的莊重。對印度百姓來說，死亡是一件極為平常的事，他們相信有來世，所以並不迴避死，也不恐懼死，屍體就送入恆河，有一天化成恆河岸邊的沙，他們相信萬物輪轉，結束就是開始，一切都會重新再來。

你可以感受到宗教在這個國家的地位——幾乎處處可以看到宗教痕跡，經常能看到有人在做宗教儀式。這裡的宗教種類很多，大多都能相安無事地共存。你甚至可以感受到在印度的上空飛著各種各樣的神明，守護著虔誠信仰它的人們。

這裡又像天堂又像破敗不堪的人間，這裡的人充滿智慧但又好像極度愚笨，這裡極度現代化又像中世紀社會，這裡到處都如此矛盾，卻又有一種難以言說的魅力。在這裡，我覺得自己能拋開平日的一些瑣碎的、世俗的思緒，好好思考一下人生，關照一下心靈，回憶一下當初美好的願景。

法王的生活不容易

從新德里，我們準備坐飛機去達蘭薩拉，那是印度北部的一座小城鎮，十七世大寶法王就在這裡。達蘭薩拉和新德里比，彷彿來到另一個國家，乾淨、安寧，寺廟群立，許多人因信仰不遠萬里來到此地，滿懷虔誠，也有人因好奇而到這裡瞻仰，因而這裡的旅遊業發展得不錯。各式各樣的民俗旅店、小飯館、紀念品店，每日都接待如潮的旅人。印度菜、雲南菜、川菜，各種口味應有盡有，可謂「麻雀雖小，五臟俱全」。

來到這裡，精神會立即受到周圍氣氛的渲染，油然而生一股憧憬、莊重的心情。隨著親友團，我和我媽小心翼翼地來到大寶法王的寶廳前，前一組進去的人剛出來，只見他們神情激動，有的眼裡竟噙著淚水。見此狀，我憧憬、莊重的心情又多了幾分。

法王的姐姐剛好在附近，我上前攀談，詢問她法王一天要接見多少人，她說大概兩百人吧。聽聞後，我不知道自己為什麼會冒出一個奇怪的想法：我覺得法王特別累，整日坐在寶廳裡，為各種各樣的人答疑解惑，給人加持。那麼多人有求於他，他卻什麼都得不到。他還不到三十歲，卻哪裡都去不了，據說業餘時間還要學習，也沒時間娛樂。我忽然覺得，地位越高，責任越重，身分越貴，越不自由。做個普通人其實挺好的。

走進寶廳，見法王端坐在中央，他五官端正，目光如鷹般銳利而威嚴。他的神色平靜，即使剛剛接見了那麼多人，那麼多人在他面前暴露情緒，他都沒有受到影響。他的心好像不會因外界起一絲波瀾，一點也不像一個不到三十歲的青年，彷彿天塌下來他都能淡定自若。他好像什麼都知道，什麼都了解，無論來訪者詢問什麼，他都能對答如流。

很多人向他詢問命，他不言命，只言道理，告訴對方該怎麼做，怎麼想。他回答的角度總是讓人一下子覺得茅塞頓開，心頭變得敞亮。

突然，有人給法王跪下了，我心頭一驚，覺得這樣給法王的壓力太大了。本來他一個年輕人，每天接受這麼多人的來訪詢問，就已經承擔了很大壓力，現在竟有人對他行如此大禮，讓他如何應對啊。法王趕忙說起來，又叫大家都安坐。

我注意到，法王會說多國語言，至少掌握漢語、英語、德語、法語、日語、韓語、西藏語、不丹語……來訪者提問用什麼語言，他就用什麼語言回答。他每天在寶廳裡接待這麼多人，哪裡有那麼多時間學語言呢？我不禁感嘆法王果然不是一般人。可是，一方面感嘆，崇敬，另一方面我卻更加悲從中來。

說不清為什麼，那天見過法王後，我的心頭總是縈繞著一種情感：我覺得法王真的承擔了太多責任，他端坐在那麼高的位置，儘管他能給成百上千的人支援，卻沒人能給他支援，內心應該也會有孤獨吧？

大家的問題基本問完了，離開前準備合個影，合影時，法王忽然和身邊的一個護法低語說：「今天的朋友中有人的氣場有點怪。」

這話被我聽到了。

法王說的是誰？我很在意。合完影後，大家差不多都走了，我還留在那裡，想問問法王究竟誰的氣場怪。

我隱隱約約有點感覺，覺得法王說的就是自己。因為那段時間，我每天宴請賓客，見的都是各界名流，我的心漸漸膨脹起來，整個人都是飄的，腳不沾地的。來到印度後，我的心稍稍踏實一些了，但直到見到法王，聽到他剛剛那句話，我才清楚地意識到自己最近一段時間的狀態。

剛才大家都問問題時我沒說話，因為我沒想到要問什麼，現在我想和法王聊幾句，但法王好像要休息了。我就站在寶廳門口等著，包括我媽在內的旅行團的人都回賓館了，就我一個人還留在那裡。過了一會兒，法王身邊的護法看見我了，悄悄和法王說了幾句話，隨後護法走過來，禮貌地對我說回去吧，法王要休息了。

佛珠與一千塊盧比

當時我不知怎麼想的，總覺得應該送法王點東西，但又不知送什麼好。什麼佛龕佛珠法王又不缺，也不好送錢，我忽然想到自己隨身攜帶的遊戲機。我無聊時有時會玩會兒遊戲，放鬆一下，我覺得法王很需要休息和放鬆，需要一點娛樂，每天都坐在這裡替別人解答問題實在是太辛苦了！於是，我也不管是不是合適，斗著膽子對護法說：「把這台遊戲機送給法王吧，法王休息的時候可以玩玩。」隨後我又教護法怎麼開機關機，怎麼開始遊戲……

事後一想就覺得自己當時的行為有些可笑，法王怎麼需要我這台遊戲機呢？可是那時候我真心是那麼想的。法王讓我想起一些東西，埋藏在我心靈深處的一些東西。大約，我從法王身上看到的只不過是我內心的映照，心靈深處真正感覺空虛和孤獨的人是我，年紀輕輕就受到很多人的追捧因而感到壓力的人也是我，頂著虛浮的光環內心卻覺得十分迷茫的還是我，只不過當時我沒想到，法王也沒有戳穿。事情過去一段時間，再回頭看，我才對自己當時那些奇怪的想法稍微有了些理解。

法王欣然收下了遊戲機，並拿給護法一個小袋子，說是給我的。護法把小袋子放在我手中，我打開一看，裡面放了一串佛珠和一千塊印度錢。

在當時那個情境下，在遙遠的小城達蘭薩拉，在法王的寶廳前，看到這兩樣東西，我心頭一顫，突然受到了觸動，回過神來時，我的眼淚已經嘩啦嘩啦淌下。具體是為什麼？我也很難說清楚。只覺得一看到那兩樣東西，我的心裡就忽然產生了一種很苦很苦的感覺，那種苦是讓人特別想迴避的。

我突然想到了舅舅，想到了舅舅去世時自己心中暗許的願望：做一份關於臨終關懷的事業，為那些彌留之際的人做些什麼。

當時我一個人在國外，本就有一種身在異國他鄉的孤獨感，舅舅的突然離世更讓我心中陡然生出生命無常的悲涼，我找不到人生的目標，不知自己為何要遠渡重洋在異國學習，學習又是為了什麼？為了能掙更多錢？掙了更多錢後呢？那時的我，還未真正參與到工作實踐中來，對未來常常產生漫無邊際的想像，有些想法可能有點天真，但或許正因我還未經世事，所以才能更沒有限制，更大膽地探尋自己的內心，探尋自己真正想要追尋的方向。實際臨終關懷這一塊有著很龐大的體系，需要學習很多東西，實踐起來並不那麼容易，但那時這個想法真的成為了支持著我更加努力學習的動力，成為了我奮鬥的原點。

然而，隨著回國後我參與了實際的工作，隨著「蘭會所」一點點壯大，各種應酬、酒會、商務談判向我湧來，時常一進行就到深夜。我越來越忙，基本沒時間再思考，沒時間再靜靜地想想自己究竟要做什麼。生活越來越好了，卻也漸漸失去了過往那種淳樸和純真。人際交往越來越複雜，每天感受到各種各樣的欲望，一天天遠離最初的本心。

我其實是想踏踏實實做一些事的，希望這一輩子能為社會做些什麼，可是那段時間，我的確是有些迷失了，表面上風光，內心卻很不安，悠悠蕩蕩找不到方向。那串佛珠和一千塊印度錢一下子讓我產生了聯想，它們讓我想起自己努力的初衷，想到自己如今所擁有的一切其實並不是理所當然的，它們都是上一輩的積累，是我前生的福報，如果我肆意揮霍這些積累與福報，遲早會將它們揮霍完。我必須做些什麼，感恩、惜福，盡自己的所能去幫助別人。

我的眼淚止不住地流，漸漸演變成嚎啕大哭。之前看到法王時內心產生的那種悲涼，這會兒都有了出口。也可能是巧合，也可能法王真的看穿了我的心，看到了我的問題，總之在那個時候，我覺得我的心忽然落地了，找到了自己的原點。

那次見過法王後，我開始有意尋找一些需要幫助的個體，對他們進行捐助。我想過，一上來就籌建醫院確實比較困難，我完全不了解這一塊應該怎麼操作，但幫助身邊的個體是能夠實現的。法王的忠告，讓我回歸到現實中，從力所能及的事做起，一點點向最終的願望邁進。

次日，趕上法王生日的法會，世界各地的大師都來了。我和我媽也參加了法會，求大師加持。能參加那次法會，我倍感榮幸，感覺自己整個人都得到了昇華。

再次日，我返回了北京。到了北京，已近深夜。

差一點，我就成了長安街上的一張相片

自從從法王那裡得到手串後，我整日都戴著，心中的不安才稍稍緩和些。那晚回到北京，家中也沒人，清清冷冷的，我不願回去，便去了「蘭會所」。正好，我的一些朋友在那裡聚會呢，我就跟他們一起吃飯，邊吃邊跟他們講述自己在印度的見聞與經歷。

正聊到興頭上，我當時的女朋友忽然來了。她大約有些怨我回來後沒有第一時間聯繫她，當著我朋友的面埋怨了幾句，又拉著我，要我馬上陪她去玩。我不去，她跟我吵了起來。當時好幾個哥兒們都在，我覺得特別沒面子，只得把她帶到外面。

過了一會兒，我們開車離開，她坐在副駕駛位置上，又開始不停地埋怨。我平生最怕別人在

我耳邊嘮叨，有話就說，說完就結束，這樣乾脆一點不好嗎？

我一直忍耐著，她一直不停地說。此時，馬路對面，也就是長安街的另一邊在修路，限行了，因而沒什麼車，又是半夜，街上也沒人，只有星星點點的燈火，蔓延到遠方，一眼看不到頭。周圍很安靜，更顯得我女朋友聲音很大。那時候的氣氛有些古怪，我很累了，可她卻越說越激烈，我的忍耐終於到了極限。前頭正好有個轉彎處，我一轉，然後急煞車，往路邊一停，隨便扯開安全帶，開門就要往下衝。

「走了！」我氣急敗壞地拋下一句。

她拉住我，手剛好揪住我的手串。我想甩開她的手，結果嘩啦一下，手串斷了，珠子劈哩啪啦落了一地，滾得到處都是。

那一瞬間，我有點迷信，覺得手串壞了是「不祥之兆」，臉唰地一下就沉下來了。我倆沉默地對視著，她也知道自己弄壞了手串，闖禍了，鬆開了手。我掉頭離開，但不知要走到哪裡去，回「蘭會所」吧，但「蘭會所」在哪個方向我都忘了，當時我又氣又急，又有些慌張，都轉向了。

怕她回過神後開車追過來，我開始跑，但跑到哪裡去呢？我不知道……好好的，我怎麼突然在這空無一人的長安街上跑起來了呢？我覺得那時的情況特別奇怪。

慌亂中，我一躍翻過了路中央的護欄。落地，還回頭看看她在哪裡，其實當時我不知不覺已經跑了好遠，早就看不見她車子的影子了。

突然，我感到一陣劇烈的震盪，一種巨石壓頂的感覺突然襲來，我的一隻腳瞬間失去了知覺！一片巨大的陰影從我面前掠過，有個龐然大物正轟隆隆作響。剛才我竟然一點也沒聽見這聲音！我本能地往後一退，離我很近很近的地方，一台軋路機開過去，一瞬間就碾過了我的右腳！當時，如果我沒有往後退那一下，我整個人都會被軋路機的履帶捲進去，第二天誰也找不著我了，我估計都成了長安街上的一張相片了。

幸好，被履帶捲進去的是我的一隻鞋。那一瞬間，我氣急敗壞，竟然忘記了疼，怒火沖天地對著軋路機駕駛位喊：「你怎麼不看著點啊！有人啊！」

軋路機停下了，司機一臉茫然地探出頭來，看見我，看見軋路機旁邊竟然有個人！他都懵了，不知該說些什麼好。估計他也納悶呢，這個時間，哪裡來的人呢？

我的右腳根本沒法沾地了，鑽心刺骨的疼痛在我身上走了一圈。我強忍著疼，一蹦一蹦地往前跳了幾步，從軋路機的履帶底下把我的鞋抽出來，又拿著鞋，不知怎麼把自己挪到了路邊，一條腿先緩緩蹲下，一手撐住地，然後是另一手，這才一屁股坐下。全程，那個軋路機司機張大了嘴，看著我，像是受了什麼驚嚇。他哪裡知道為什麼突然蹦出一個人，一時間更搞不清責任應該誰來承擔——這事是我的責任，只是我氣急了，疼急了，當時才埋怨了那個司機兩句。

我想儘快離開這裡，可是周圍淨是軋路機、工程車、大吊車，這條路封了，不可能有車過來，加上長安街上計程車根本不能停，我要想叫車，必須走到挺遠處的一個拐角，一想到這個，我就感到絕望。

就那樣，一分一秒，時間以極度緩慢的速度流逝。我打開手機電話簿，忽然不知道這種時候能打電話給誰，平時應酬、交際，認識了那麼多人，見了那麼多名人政要，到了這種時候，卻沒一個能打電話的。我是有一些朋友，之前和大使的兒子產生衝突，還有許多朋友幫過我。但現在是夜裡，而且那時候我覺得理在自己這裡，說話理直氣壯，這次弄到這種地步，我知道，都是我自己鬧的。我怕麻煩別人，電話簿裡，沒有人是我不怕麻煩的。原來我這麼孤獨，不知怎麼的，竟把自己弄到了如此無助的境地。我乾脆誰也不找了，就這麼坐在馬路邊上，什麼也不想了，兩眼發直地看著前方一公尺的地面。

不行，我沒法什麼都不想……什麼都不想，就只剩下右腳劇烈的、燒灼般的疼痛了。我看看自己的手腕，還有法王給我的手串勒過的痕跡，那手串的珠子已經四散各處，不知道哪裡去了。據說，這樣的手串能夠祈福，能擋災，但福來了，災避過了，手串就會自己斷開。若真是這樣，這串手串就救了我的命。可能這是迷信，但這件事真的很巧。我想起法王說「有人氣場有點怪」的話，聽了那句話後我一直惴惴不安，可是現在竟然把心放下了。我覺得法王說的人多半就是我，只不過現在已經沒辦法求證了。

我還是感謝法王，感謝他送給我的手串，也許真的是它保佑了我。它之前提醒了我一次，現在又提醒了我一次。第一次讓我看到自己的原點，撥開浮華的迷霧，拋卻虛榮，看到了真實的自己。第二次讓我看到自己的脆弱，自己的處境，把我從天上拉回人間，提醒我要好好珍惜每一分每一秒，腳踏實地地慢慢走。

天快亮了，路燈滅了，我在路邊一個人坐了兩個小時，終於覺得自己能起來了。我突然想起那天是我的生日，不禁感慨，這過的是什麼生日啊？又一想，可能這就是上天給我的最好的生日禮物：提醒我好好珍惜生命。

我用左腳撐著地，起身後，努力掌握好平衡，然後一點一點往能叫車的街邊挪。終於，我叫上一輛車。車沒往我家去，往我媽那裡去了，她什麼都不知道，我進門的時候，她正在吃早飯呢。

「媽……」推開門，我叫了一聲。

她看見我，灰頭土臉的，腳還走不了，大吃一驚。她趕忙上來，扶住我。我有些不好意思，這麼大了還讓媽扶，可是同時，有種委屈一下壓抑不住了，我一下哭出來了。我沒告訴我媽腳是被軋路機軋的，只告訴她摔了一下，但是打不到車，坐在路邊大半夜。

小時候，我經常在外面悠悠蕩蕩，沒有目的地閒晃，好幾次摔了碰了，都是我一個人慢慢爬起來，回到家後不告訴家人。但是有一段時間，我媽在「五建」工作時，我放學後就愛往她單位跑，那段時間我們相處很多，在我的記憶裡，那是一段很溫馨美好的時光。

我的眼淚止不住地流，我媽抱著我，我又變成一個孩子。這天是我的生日，也是我媽的難日。是她給了我生命，很不容易，我不應該隨便糟蹋揮霍，我得好好珍惜，我得好好活著。

緣分突然降臨

我知道實際我們才見過四次，可有時候人和人之間的那種親切，那種契合，不是用相處時間計算的。當時我們誰也沒說，但是彼此心照不宣，我們都意識到，我們已經開始戀愛了。

台北，我以後一定會再來

我初次去台灣是二〇〇九年年初。那時是應高盛總裁宋學仁之邀，為調查研究台灣餐飲市場而去。

適逢陳水扁下台，台北街頭有很多市民慶祝，人人喜氣洋洋，臉上掛著笑，跟過節似的。這場面成了我對台灣的第一印象。我當時心想，台灣真熱鬧，很有人氣！

宋學仁請我在一〇一大樓吃飯，邊吃邊和我提：「小菲，我給你介紹個朋友，這人可是文藝界的大老。《康熙來了》的製作人就是他，大小S都是他的學生。正好，他平時對美食很有研究，估計你們有得聊，明天你們見見！」

次日，我就見到了著名節目製作人王偉忠，當時完全想不到，日後我因和我老婆相識，進而又和他有了更多往來。那次，他帶著我品嘗了台灣的川菜。

台灣不僅有川菜，還有粵菜、淮揚菜、豫菜……以及台灣本地的美食，口味都還不錯。麻雀雖小，五臟俱全，是台灣給我留下的又一印象。

再次日，我又拜訪了台灣一位大收藏家。他同樣對美食頗有研究。吃飯時，飯桌上陸續開了幾瓶紅酒。那時我管理蘭會所，正在研究紅酒，見到那些難得一見的好酒，不由得眼前一亮。

台灣是個好地方，這裡的人很懂得品味生活。我想。

那次，有很多朋友熱情地向我推薦，說來台灣，一定要去夜市逛逛。

於是，我便應朋友之邀，來到了基隆廟口夜市——台灣有很多夜市都在廟口，不少人在逛夜市之餘，還會在寺廟裡上一炷香——我在夜市裡悠閒漫步，周圍熙來攘往，甚至有點雜亂。但是琳琅滿目的小攤位，此起彼伏的叫賣聲，香氣四溢的小吃，結伴而行的年輕人，無不讓人覺得特別親切，特別有生活氣息。

漸漸走到寺廟門口，我也上了一炷香，之後，我便站在寺廟口看著往來人群：有很多是全家一起來的，大人牽著孩子，子女攙扶著父母。大家都說說笑笑，到處人聲鼎沸。周圍彌散著青煙，人群的歡笑聲與之融為一體，慢慢化入夜空。我靜靜地，沉浸在這氣氛中——這環境讓我想起以前和父親一起看香港電影時見過的香港過節時熱鬧的場景，雖然我此時身在台灣，但二者卻是那樣相似。其實重要的不是電影中的畫面，而是曾幾何時，我還和父親一起在電視機前有說有笑地看電影。和父親在一起的時光是多麼短暫而寶貴啊，眼前的場景莫名地勾起了我那時的記憶。我還想起很多年前的北京，城市還沒大拆大建，鄰里走得很近，人和人之間關係密切。夏日，和小夥伴一起捉蛐蛐、捉蜻蜓，我們一塊玩鬧，大笑。那時候，心都是敞開的，不像現在這麼閉塞。

台灣的氣候四季如夏，而我記憶中最美的季節便是夏天。因而，第一次來，哪怕僅僅因為空氣中的暖意，也讓我對台灣產生了天然的好感，一見如故。

當時我就想，以後我一定要再來台灣看看。不知當時寺廟中的神明是否聽見了我心中暗許的願望——我的願望自然是實現了。後來我不僅又多次回到台灣，這裡還成了我的另一個家。台灣成了我生命中一個特別又重要的地方，而我和它之間的緣分羈絆，就以那次台灣之行為開端。

那次回來後，我馬上又辦了一張入台證，為日後再來作準備。

初遇她時，我都沒認真看過一遍《流星花園》

接著之前說的，儘管二〇〇九年我遭遇了好幾回意外，但都有驚無險地過來了。二〇一〇年，經濟漸漸有回暖之勢，金融危機帶來的陰霾，終於開始消退，大有「撥得雲開見月明」的勁頭。而我即將三十歲，又到了要重新規劃人生的轉折點。

回顧過去的幾年，我對自己在事業上所做的還算滿意，雖然沒有取得大成就，但我自認為在經營管理方面積累的經驗還是不少的。我也藉由奧運會、世博會開闊了眼界，鍛鍊了自己的組織能力。在生活上，我亦沒什麼大煩惱。唯一不足的，是自己的感情還未有著落。

我曾經交往過幾任女朋友，一任在前面提過，是我在法國留學時結識的，後來我畢業回國，而她選擇留在了加拿大，我們的感情也就那樣無疾而終。後來交往的幾任女友，有的同樣是無疾而終，平靜分手，有的則是性情確實不合。有的感情持續了好幾年，但終究沒有走到最後。即將三十歲的我對感情開始有些迷茫，究竟是否存在能和自己性情相投、彼此相愛、攜手步入婚姻殿堂、白頭到老的女孩呢？是的，我心底的感情觀一直是比較傳統的，我一直嚮往舉辦一場盛大的婚禮，牽著自己所愛的姑娘的手，和她相約一生相守。或許正因我的父母沒有完滿的婚姻，我對那種平凡而溫馨的家庭生活則更添了無限的嚮往。

那時我覺得能找到這樣一份感情真的太難了，兩個人在一起，總要經歷內因、外因的雙重考驗。內因考驗的是兩人的感情、性情、志趣，外因考驗的是環境——兩人交往時所處的環境，外界對兩人的影響。有時候，一些變動是突如其來但又致命的，有時候則是一開始就有徵兆的。總之，兩個人想長久走下去，總是要內、外因都剛好契合，而這，在當時的我看來簡直比中彩券大獎還難。

那個時候，我雖然心裡很渴望一份真摯的愛情，但又知道這件事不能強求，便採取了隨緣的態度。我仍舊把大部分時間都投入到工作中，儘管有時一個人靜下來，我還是會覺得有些孤單，還是會暗自盼望在茫茫人海中，能偶遇那個特別的女孩，但大多數時候，忙碌的生活節奏淹沒了這些期盼。

有些事真的是無心插柳，就在那個我對愛情報以隨緣態度，甚至有一點淡然的時候，我偶然邂逅了她。

我清楚地記得，那是二〇一〇年九月，剛入秋，到了晚上，天有點涼。

那天，安以軒給我發了條短信，說她有個朋友來北京了，晚上想帶到「蘭會所」來玩。那時候有不少演藝圈的朋友經常光顧「蘭會所」，我和安以軒關係不錯。那晚剛好我也沒什麼事，便欣然應允。

到了晚上，安以軒帶著她的好友安鈞璨過來了——安鈞璨是當年「可米小子」的一員，他們倆都姓安，關係特別鐵。遺憾的是，幾年後，鈞璨就因肝癌英年早逝。那時候我們幾個年輕人聚在一起，舉杯暢談，都是很交心的好友。後來像那樣的時刻不復存在，回想起來，真的很感嘆。

他們身後，還跟著一個女孩，瘦瘦的，看著特別顯小。

我覺得以前好像在電視上見過她，一下又想不起來。那時候微博還沒那麼發達，一些明星的新聞消息也只是在電視、雜誌上能看見，我關注得比較少。在那之前我也沒看過她演的《流星花園》，因而一時沒認出來。安以軒一介紹，我才恍然大悟。

她卻沒和我握手，有些不好意思地說自己的手現在有些小毛病，抬不起來。

「妳好妳好。」我伸出手。

場面有點尷尬，安以軒趕緊過來圓場。

後來我才知道，她因為拍戲傷到了右手神經，傷得很重，那次來北京就是來治病的。她的手後來調理了整整大半年才好——她是那種人，不怎麼向別人表達自己不舒服、不高興、難受，有什麼事都會憋在心裡。她的性情，我也是後來才慢慢了解的。

在當時，我只有種特別的感覺：這女孩讓我覺得有些熟悉，好像很久以前就認識。因為她是明星，以前在電視上見過？好像也不是。她很有禮貌，說話聲音又溫柔，讓我覺得很親切，我對她很有好感。

第一次見，我們彼此都沒留聯繫方式。經營餐飲行業，有過一面之緣的朋友太多了。在一起時固然歡喜，轉身一別亦再無印象，這種情況比比皆是。所以，我對人在很大程度上都本著隨緣之心。

誰想緣分來得真快，沒過幾天，應安以軒之邀參加她的生日聚會，又和這位女孩見了面。

安以軒的生日會來了不少人，現場很是熱鬧，人群中，我遠遠地看見她了。她正一個人拿著酒杯坐在一角，若有所思的樣子。

她太瘦了，身影顯得很單薄。

我很高興，馬上繞過好幾個人，到她身邊和她打招呼。

她在現場也不認識別人，只認識我和安以軒，安以軒還要招待別的客人，她只能和我聊，具體聊的什麼我已想不起了——可能我本身並沒太關注實際聊的內容，只是一直注意她：一頭烏黑的長髮，皮膚特別白，看起來很文靜，但聊起天來也很健談。只是偶爾露出倦容，看起來好像有點累。她說她拍戲經常每天只睡兩三個小時，已經習慣了。這回來北京治療，其實也有戲要拍。我接觸過一些演藝圈的朋友，光鮮背後，都有一份常人難以想像的辛苦，有些對普通人來說很正常的事，他們卻必須小心翼翼地迴避。

聚會結束後，我開車送她回酒店。漸入深秋的時節，葉子開始泛黃飄落了，道路兩旁鋪了薄薄一層。

她說，台北的夜景也很好看，但是沒有這樣的秋天。

她說她有時會失眠，雖然很累，但躺在床上也睡不著。而且因為和我聊得很開心，倒也不睏了，還覺得挺有精神。我說走，咱們看看夜景去吧！車多轉了幾個彎，沿著筒子河轉了一圈。一路，我有點像個導遊似的跟她介紹老北京城悠久的歷史。後來，我們下車站在筒子河邊又看了會兒風景，河對岸的角樓透著光，近處的柳條隨風搖擺，有時候稍稍擋住我們的視線。

她試著拍了幾張照，可是拍不清楚。其實我挺想和她合張影，留個紀念，因為她馬上就要回台灣了。那時候，去台灣還要在香港轉機，去一趟大約需要四個小時，時間不算很長，但畢竟隔著幾千公里，我心裡有點不是滋味，但又不好跟她說。那天晚上，我們交換了電話，有了聯繫方式，我心裡稍稍踏實了點。其實她不經常來北京，回頭想，要是那天沒在小安的生日會上遇見她，之後就不一定什麼時候再見了。所以我覺得我們的相遇真的挺有緣的。

臨別時她說，你可以來台灣找我玩啊，過兩天就是我生日了！我當下應允，說好。

她是天秤座，生日是十月六號。自那次在安以軒的生日會上分別，實際沒隔幾天，我們就又見面了。這一次，是我去台灣找她。

若不是我之前去台灣回來後馬上又辦了入台證，這一次我估計就趕不上她生日了，那時候想著要再來，冥冥中說不定也有某種安排。

五號，我從香港轉機，到台北時已經晚上八點了。

那天晚上，她約了兩個朋友聚會。我沒說我要來，她也沒問。

我出現時，她的朋友正和她說：「別等了別等了，他不可能來了。」我發現她們說的「他」就是我，心中一陣竊喜。我突然出現，她大吃一驚。

「你還真來啦？」

「我答應要來啊！」

原來，她一方面覺得我那天晚上答應她的話是開玩笑的，另一方面又很期待我能來。其實那幾天她都在等我，因為我沒說具體哪天過去。

台灣和北京相距真遠啊，以至於我見到她，竟有種久別重逢的錯覺。有人開玩笑說，我是「一日不見，如隔三秋」，那時我們還沒確定戀愛關係，聽到這話，她不作聲。我竟然也有點不好意思。

那晚在她的閨密面前，我們也沒顯現出有什麼不同尋常的親密，就像多年的好友一樣。在她面前我不會覺得緊張。

打牌的軍人，紅衣的女子

當晚，要投宿了。附近剛好有家品牌酒店，看起來挺高檔，乾淨衛生可靠。我當即決定，今晚就住這裡了。

我有個朋友，那時也去了台灣，我們在台灣遇上了。當晚他也要投宿，見我要住那家酒店，他使勁地勸：「別，你別住這裡！」

我問：「怎麼了？為什麼不能住這裡？」

「具體你就別管了，和你說別住，你就別住了。」那朋友有話也不直說，遮遮掩掩的。

坐了四小時飛機，我累了，這家酒店看起來也不錯，我不想再找了，便堅持道：「幹嘛？還神神秘秘的！我就住這裡了！」

「行行行，你住吧！」那個朋友特別無奈的樣子。

我走進那家酒店，看看周圍，裝潢品味不錯，挺好的啊？

那天因為小房間住滿了，酒店還給我升級了，把我的房間換成了大套房，位於某條走廊的盡頭。我往裡走，隨意往兩邊看，注意到走廊兩側牆上掛了一排壁畫。壁畫上用扭曲的筆觸畫了一些不明所以的東西。

這畫的是什麼？還挺有風格。我大致掃了一眼，沒太在意。

走到我的房間門口，推門而入，插上卡，開燈。明晃晃的，幾根羅馬柱赫然矗立眼前，特別突兀。我心說，這是什麼設計啊？房間裡還有羅馬柱？

因為我在法國學的就是酒店管理和設計，所以每到一處，都對當地酒店的設計布局特別敏感，幾乎有些強迫症式的挑剔。那家酒店的房間設計我是頭一次見，頗為古怪。別的都還行，就這羅馬柱可真夠土的，我心想。

往裡走走，發現衛生間的門正對著床，裡頭有面鏡子，鏡子能照著床。你往床上一坐，稍一偏頭，就能看見鏡子裡的自己。

洗了個澡，睏勁上來了，我一頭栽倒在床上，身體很沉，感覺整個人都陷了下去。

我體質比較敏感，在酒店睡覺習慣不拉窗簾，讓外面的光從窗戶透進來，才能踏實入睡。那夜，我突然醒了，看了看窗外，天還是黑的，欠起身子瞄了一眼時間，才凌晨三點。我又倒下，想接著睡。

不知怎的睡不著了，隱隱約約的，我聽見廁所有水聲，嘩啦嘩啦的，好像是管道的聲音，又好像不是。再往天花板上一看，好傢伙，水淹了好大一片。我覺得不踏實，就想打電話給前台，叫服務生來看看。剛一抬手，頭忽然一暈，整個人一下動不了了。

我曾有過很多次「鬼壓床」的經歷，這感覺一來，我意識到自己又被「鬼壓床」了。深呼吸，淡定，別緊張……我對自己說……放鬆放鬆，一會兒就好。

根據以往應對的經驗，我知道現在得先開燈，房間一亮，人就更容易醒。可是床頭燈開關近在咫尺，我卻搆不到。越努力動，越覺得恐慌感像海浪一樣襲來，一浪高過一浪。

忽然，我能動了，開關也按著了。

可心裡那種巨大的恐懼還在蔓延，一點也沒消退的意思。再看看周圍，忽又發現自己其實還深陷在床裡，周圍分明仍是一片漆黑，唯有窗外星星點點的光照進來——原來剛才起來開燈的感受不過是幻覺，我壓根就沒挪地方！

這次鬼壓床的時間持續了很久，久到我感覺天都亮了，耳邊喧鬧起來，隱約聽到有人在喧嘩。我往門口一斜眼，竟然看見我幾個好友出現在門口，他們也不管我，自顧自地在屋裡打起撲克牌來了。

「我去！你們幹嘛呢？沒看見我啊？還不趕緊叫我起來啊？」我朝他們嚷嚷。

他們跟沒聽見似的，我再一看，我的這些朋友一個個的都穿上軍裝了，還背著槍和大刀。其中一位，抄起槍來就向我掃射。

餘下的，也都放下手頭玩的，像殭屍一樣，一蹦一跳地向我逼近。後來想想，那場景其實有點搞笑，但在當時，真是嚇得我出了一身冷汗。

子彈像雨點似的落在我身上，我卻沒流血也沒倒下。隨即，突然「嘭」地一下，眼前的一切化作泡影。

我再度意識到自己其實還躺在床上呢，剛才發生的也是幻覺，可身體竟然還動不了。一看外面，還是黑的。

幾點了？我心裡嘟囔著。我醒著呢，還是睡著呢？

忽然，我斜眼一瞟，瞅見廁所裡那面鏡子了。房間裡沒亮燈，廁所裡本來是一片黑，可能是外面的燈光照進來，反射在鏡子上的原因吧，有那麼一處亮起來了……我感覺有什麼東西隱在那裡。定睛一看，竟是一個穿紅衣的女人！

當即，我馬上斷定我在作夢。

雖然是夢，可是那個紅衣女人卻愈發清晰。這樣寫出來，可能大部分人都不信，若不是我當時真真切切地看見了，我也不信！

我的身體還是動不了，被子蓋著大部分身子，唯有一隻胳膊晾在外頭。

我暗念不好，那紅衣服「騰」地蹦過來了——我不知道該怎麼形容她移動的方式，只能勉強用「蹦」，但其實是一瞬間就到眼前了。

我也不知道該怎麼形容那種感覺，在我記憶裡，當時的感覺特別真切，她的手慢慢伸過來，似乎想摸我的手，頓時有一種極度異樣的感覺遍布我的全身，我感覺自己起了一身雞皮疙瘩。

完了，不管這是真是夢，都完了。如果是真的，我是撞見鬼了，如果是夢，我是陷在夢魘裡醒不來了。

那時候，我什麼也顧不得了，只知道來來回回地念《心經》，希望如果這是個厲鬼，速速離去，如果是個極其逼真的噩夢，那就讓天趕緊亮，讓我趕快醒。

但她還依舊在我身邊，一點點向我靠近，我看見她的手馬上就要摸到我了，我拚命想要掙扎，但身體還是動彈不得。就在她要摸到我的一剎那，一陣「滴滴滴」的聲音衝入我的耳朵，無比熟悉，我眼睛猛然睜開了，眨了眨，身子一下也能動了。

和她像上輩子就認識

我坐起身，看看周圍，天已大亮了，我出了一身一頭的大汗，跟洗了個澡似的。

剛才叫醒我的那無比熟悉的滴滴聲，原來是我的手機。

拿起手機一看，六點了。從凌晨三點到現在，整整過了三小時，可我的感覺卻只有十幾分鐘。

所以，那些亂七八糟的東西絕對是夢，而把我從那莫名其妙的噩夢中叫起來的，是手機短信。

一點開，是我老婆。

「起來了嗎？要不要一起去吃早餐？」

無比接地氣的話語，我似乎都能想像出她甜甜的語氣，頓時，我覺得自己徹底醒了。

我知道是碰巧，可她這條短信真是把我救了，本來就對她有好感的我，此時更加迫切地想見到她。

她家就在我住的那間酒店附近，她說的那家早點鋪，離得也不遠。

我爬起來，感覺渾身疼痛，身上有些發虛。我用水洗了好幾把臉，抬頭看看鏡子，確認沒有昨晚我看到的奇怪的東西了，這才定了定神，走出房門。

她已提早到了我們約定的地點，在那裡等我。要走近她時，她對我笑，說：「嗨，你來啦。」我不知道是該笑還是該對她揮揮手。

對天發誓，那時候見到她我真的特別高興。我感覺自己整個人都活過來了，還活在這個地球上，腳踩上地了，感覺特別踏實。我老婆樣子很顯小，但你和她一接觸就不覺得，她談吐很成熟，而且懂得很多，和她聊幾句你就能感覺，這是一個很聰明、很有智慧的女生。

我還有種莫名的感覺，就是覺得自己和她已經非常非常熟悉了，好像很久以前，甚至上輩子就見過。我知道實際我們才見過四次，可有時候人和人之間的那種親切，那種契合，不是用相處時間計算的。

那是個大晴天，前一夜的陰霾都被台北的豔陽蒸發掉了。我們在台北街頭逛了一天，當時我們誰也沒說，但是彼此心照不宣，我們都意識到，我們已經開始戀愛了。

晚飯時，為了給我老婆慶生，來了好多朋友，小S、蔡康永……偉忠哥自然也到了。我也叫來了之前和我關係不錯的蘇打綠樂隊的吳青峰，大家聚在一起，像一家人似的，氣氛特別融洽。這氛圍和我上次來時在廟口夜市的感覺很像，不同的是，更熱鬧、更溫馨，我也不再是旁觀者，而成了其中的一員。

晚飯後，我們又輾轉去了小S家，小S老公Mike也在，大家又其樂融融地玩了很久。我發現我老婆成長在一個熱鬧的家庭中，家裡有三姐妹，從小打打鬧鬧，一點也不寂寞，這和我童年時總一個人的情形呈鮮明對比。那時候，我覺得自己真的愛上台灣了，這裡有我一直追求嚮往的家的感覺，有我從小一直缺失的東西。

我心裡特別暖，隨著大家高興，就好像有什麼東西被打開了，原來這種感覺就叫「開心」啊！我算是頭一次這麼清楚地體會到這個詞的意味。

那個紅衣女人叫安妮，我還得感謝她

酒過三杯，大家相談甚歡，忽然就聊到我昨晚住的那家酒店。現場剛好有個朋友曾是那家酒店的市場總監。我便隨意地說：「昨天晚上，我睡得可特別不好。」

昨晚勸我別住的那位朋友馬上接話：「說讓你別住別住，你非要住，那家酒店鬧鬼是出了名的。」

我一楞，還沒來得及回話，那個執行總監就問道：「你有沒有看見一個穿紅衣服的女人？」

邪了，她這麼一問，我冷汗直冒。

「看見了……我以為我作夢呢。」

她一本正經地搖搖頭：「不是，那個紅衣服女人叫安妮。」

「她還有名字？」

「嗯。你沒看走廊裡那些畫嗎？那些都是『鍾馗捉鬼』！」她的表情可嚴肅了，一點不像開玩笑呢。

「我看見了，可沒看明白是什麼……」我當時還覺得挺好看挺特別的呢，現在一想脊背都發涼。

對方緩緩道來：「那個安妮，是在那家酒店自殺的，自殺時穿一件紅衣服。當時，酒店還找了個很有名的法師過來，她就對法師說：『我死得那麼冤，我要從正門出去。』結果真給她從正門抬了出去。你一進大堂，就能看見兩幅畫，上面寫著『急急如律令』，那些『鍾馗捉鬼』，都是幹這個使的，可是都沒用，這些年，看見她的人很多！有人還專程為看她特意來住呢！」

那個執行總監還說，這家酒店建的那片地早年是日本人屠殺華人的刑場，所以時常有靈異事件。

怪不得昨晚我還看見好幾個穿軍裝的！

壞了，今晚還得回去住呢，不知道還好，知道了這一夜怎麼過？

於是乎，我連連給自己灌酒，灌到邊緣處，還保留一絲清醒。心裡還是犯怵，我突然冒出個念頭：要是我老婆能送我回去，我就不怕了。有她在，我莫名地有安全感。於是我半開玩笑地、嘗試性地問她：「妳能送送我嗎？」她一秒都沒猶豫，豪邁地說：「沒事，我送你回去吧！」

我喜出望外，為了能和她一路回去，什麼安妮，什麼軍人，都不算什麼了！

十月，台北的晚風還是充滿了暖意，有她在身邊，我覺得心裡很踏實，有種說不出的幸福感從心口溢出。我竟然還很想感謝安妮，如果沒她，我也就沒有理由讓我老婆送我回酒店，也就沒有那段讓我感覺無比溫馨的時光了。大概就在那一刻，在我喝得醉醺醺的昏昏沉沉的時刻，我的本能告訴自己，就是這個女孩，我要娶的，就是這個女孩。

那絕不是因為喝醉的衝動，反而是來自內心最真切的呼喚。

結婚，就這麼定了

我什麼都沒準備，就像個初戀的傻小子一樣，拉著她去買戒指。我們去王府井 Tiffany 買了一對鑽戒，給對方戴上。我又約了一個會攝影的朋友，給我們倆在王府井天主堂拍了幾張合影。我們甚至就穿著便裝，她連妝都沒重新補補。

我愛上了一個台灣女孩

在感情上，我是個拙於表達的人，我對我老婆說的第一句表達愛意的話，竟然就是：「要不，我們結婚吧？」

要是換了別的女孩，可能當場嚇到，然後扭頭就跑，因為那才是我們見的第五次。

有一部美國老電影，叫作《魂斷藍橋》，相信很多人都看過。男女主人公第三次見面就決定要結婚，因為男方馬上要去前線打仗了，兩人都希望能馬上確立關係，以便將來彼此不失散。後來他們卻因為種種不巧沒結成婚。這是一部悲劇，提到這部電影，並不是說我和她的關係像這樣，單說見面第五次就求婚這件事，我特別理解故事中的男主人公。

男主人公急於和女孩結婚，是因為怕自己上前線去兩人失散。我和我老婆一個在北京，一個在台北，相隔上千公里，我總覺得如果此時不抓住她，很有可能和她錯過。

我愛上了一個台灣女孩，這很平常，近些年來，有越來越多的大陸男人娶了台灣女孩。這也有點特別，除了千里之距，還有注定的動盪。多年前那些因為戰亂分隔兩岸的夫妻、戀人，一朝分別就是一輩子的等待。如今兩岸有了通路，坐飛機四個小時就能見面，可即使是這樣，我們還是隔得很遠很遠……

陪她過完生日後，我回到北京，這次不同於之前幾次分別，我體會到了什麼是朝思暮想。北京的秋更深了，風一吹，大片大片的黃葉、紅葉紛紛飄落，那真是一個煽動思念的季節。我知道我已經不能沒有她了，卻又苦於不能總去台灣看她，正在痛苦之際，她忽然說又要來北京拍戲，順便繼續治療手上的傷。我欣喜若狂。

在外界，在太多人眼中，我們是閃婚，閃得讓人大跌眼鏡，閃得讓人瞠目結舌，閃得讓人措手不及，反正，所有能想到的表達「驚訝」、「突然」的詞語都能用上。

別人對我們的婚姻有太多揣測，我們的動機、目的、過去、未來，有人分析得頭頭是道，可是，還原當時的情景，我就像個愣頭小子，脫口而出的求婚，讓我自己都傻住了。「要不，我們結婚吧？」在北京的一個特別平常的街頭，我突然對她說。

我的心撲通撲通直跳，那時候她要是不同意，我都不知道該怎麼辦了。

兩秒鐘後，她說：「好啊！」

那是種難以言說的滋味，上一秒我還痛苦得不行，這一秒我就簡直高興得上了天。我看著她，想確認一下她是不是當真的。

「我不是開玩笑，我當真的。」我的神情很嚴肅。

「嗯，我知道。我也沒開玩笑。」她也點點頭，神情特別堅定。

我緊緊地把她擁入懷中，興奮得快哭出來了。

我什麼都沒準備，就像個初戀的傻小子一樣，拉著她去買戒指。我們在王府井Tiffany買了一對鑽戒，給對方戴上。我又約了一個會攝影的朋友，給我們倆在王府井天主堂門口拍了幾張合照。我們甚至就穿著便裝，她連妝都沒重新補補。

她一向和別的女孩不一樣，與衆不同，十分特別。

別人的訂婚，都是鋪天蓋地的喜帖，大張旗鼓的宴會，親戚朋友齊齊到場。我們呢，就請了幾個朋友在後海吃了頓涮羊肉。

「感謝哥兒幾個捧場，我們今天訂婚了！」我舉起酒杯，滿面春風。

大家都站起來，碰杯，祝賀的祝賀，調侃的調侃。

這樣簡陋的訂婚，從始至終，她沒抱怨過一句。但我可不是就打算給她這樣的婚禮，訂婚的那天太突然，我想著，之後婚禮可要好好辦。我要她不輸給任何新娘，風風光光地嫁給我。

那天那頓涮羊肉就算婚禮了

「啊？婚禮？不是已經辦過了嗎？」她一臉奇怪地問我。

我以為她在開玩笑，柔聲地哄她：「別開玩笑了，妳說的是我們在王府井教堂門口照相那天？」

「對啊。」她點點頭，「那不就是婚禮嗎？」

我徹底不知道該說什麼好了。我從來沒遇到過像她這樣的女孩，對於婚禮，她竟然沒有一點幻想。我又確認了幾遍，原來她真的覺得那天在後海吃的那頓涮羊肉就是婚禮了。

「妳就這麼嫁給我，不覺得草率？」

「不覺得啊。」

「可是我不想就這樣，至少辦一場像樣的婚禮，讓家人和朋友都來。」我說。

她沉默了一會兒，點點頭說：「好，聽你的。」

我一直希望自己結婚的時候，朋友們歡聚一堂。在浪漫的海邊，我挽著自己心愛的女孩，在大家的見證下組成幸福的家庭。我以為這也是她的期待，我後來才明白，那場婚禮其實更多是她對我的願望的一種成全。

那時候，社交媒體還不像現在這麼普及，微博剛流行起來，這之前獲取訊息還要通過電視、報紙、雜誌。我知道我老婆是台灣女明星，也知道她演過紅遍大江南北的《流星花園》，但仍然低估了她的影響力。

我們要結婚的消息一傳出，立即轟動了娛樂圈，引發了兩岸娛樂媒體的熱切關注。各種新聞、八卦迅速傳播，一大堆對我們戀愛、結婚的分析、評價文章也連夜趕製而出，其中有不少沒有經過考證的捕風捉影。那時大陸到台灣還沒有開通直航，還有不少台灣媒體對大陸的了解很少，在他們看來，他們從小看著長大的大S，怎麼偏偏選擇嫁給了這麼一個大陸的「土小子」？

我老婆從一開始就知道事情會演變成這樣，甚至更糟，但她還是同意了我當時要舉辦婚禮的決定。後來她對我說，一方面她能猜到事情傳出去媒體會有什麼反應，另一方面，她真的覺得不辦婚禮也沒關係，她對這些形式並不追求，重要的只是能跟我在一起。

她的特點，就是她即使有什麼難處，也很少表達出來。她總是細細體察別人的難處，替別人著想。而當時的我卻一心只想著自己的願望，沒能站在她的角度好好想想。我感到歉疚，決定盡可能地讓我們的婚禮私密化，我對外宣布，這次我們的婚禮只邀請親友，不邀請任何媒體朋友到場。

一時間，怨聲載道，但我對此非常堅持。許多記者數天前就千里迢迢趕來，都被擋在了現場之外。

百密一疏，婚禮當天，還是出現了我萬萬沒想到的狀況。

那時，微博方興未艾，已經開始有不少人使用。有些應邀而來的嘉賓用手機拍照，傳到自己的微博主頁上。微博一方面是個人表達的空間，同時又是一種自媒體形式。這一下激怒了頂著炎炎烈日、執著等在婚禮現場附近的台灣記者們。

「不是說絕對禁止任何媒體嗎？那這些照片是怎麼回事？」

「汪小菲和大S厚待大陸媒體，將台灣記者拒之門外。」

其實我已經明確告知過來賓，希望大家對婚禮上的情況保密，不要向外界洩漏消息，但我總不能讓每位來賓交出手機吧？也不能隨時監控來賓不能拍照。婚禮本來是一件高興的事，這樣做該有多掃興。我只能勸告，但不能強制。

這時候，我母親站出來，她沒有辯解，只是態度友善地打了圓場，原本已經點燃的戰爭偃旗息鼓。在這件事上，我不得不欽佩母親的度量，她不愧經歷過那麼多風浪，關鍵時刻，她站在風口浪尖，阻止了矛盾的激化。當時的我，尚年輕氣盛，沒有母親的忍耐力，甚至還需要她擋在我前面，幫我抵禦媒體尖銳的質疑。我很感謝她，又自覺慚愧。

那時候我很不擅長處理這種事，因為在此之前，我所接觸的大部分人都還算友善，就算偶爾遇見和我有衝突的人，雙方也是講道理的。再或者就是外國人，他們是真的不了解中國，不了解我。可那時我遇到的一些人，我覺得他們的誤解是刻意的，而且壓根不給我辯解的機會，我越是辯解，越是被更多譏諷、嘲笑淹沒。

母親說我太年輕，經歷的風浪太少。的確，那時我一度懷疑起自己原本對世界的認知，懷疑人心的善惡，後來過了很多年，我才漸漸明白，這個世上總有好人，也有壞人，問題是我選擇看哪一面。有些人做一些事有他們的目的，我不知道這個目的的時，不便評論也不便揣測，我若知道了，自然也就把他們的言辭和行為看淡了。

外孫女婿，Perfect！

我陪我老婆回娘家，訂了一間餐廳舉辦家庭聚會。我走進餐廳，嚇了一跳，我老婆家到場的親戚竟有近百人！陣勢之浩大，簡直像企業開年會。這是一個超級大家庭！

「這麼多人，妳認得全？」我問她。

她開始笑著給我介紹，這是大叔二叔三叔，那是大舅二舅三舅。

其實那天我沒想見那麼多人，因為前幾天，我的嘴不知怎麼過敏了，腫了一大圈，形象實在糟糕。可是我老婆說家裡的親戚都來，都說好了，我也不好再改時間。結果，我就頂著腫嘴去了。

所幸，面對我的嘴，沒人評價什麼，我的一顆心放到了肚子裡。

她的家人都特別熱情，有著台灣人特有的親切溫柔，另一方面，她祖籍山東，八十九歲的奶奶還說著山東話，於是，她家裡人又帶幾分山東人的大器豪爽。

那天，記者們又來了，把餐廳的前門圍得水洩不通。我們攙著奶奶從後門離開，結果在後門又被記者堵住。

「奶奶，妳對妳外孫女婿有什麼評價呀？」記者積極地問。

奶奶淡定地答：「好，好，好。」

記者又問：「那您給他打多少分啊？」

奶奶用山東口音說：「百分，百分！」發音近似於「伯分」。

結果記者沒聽懂，以為奶奶說的是英語，於是第二天的報紙頭版標題：「大S奶奶稱讚孫女婿：Perfect！」讓人啼笑皆非。

我老婆家的親戚有不少來自大陸，我沒想到自己在這裡還能碰到同鄉——她姑父竟然是北京人！他一口道地的京片子，聽聞我也是北京人，他激動地拉著我的手，和我聊北京的往昔。

他管我叫「小北京兒」，言談中，充滿對故鄉的懷念，說著說著，他的眼眶竟然紅了。

一朝離別，一生分別，有多少人家在大陸，身在台灣，妻在大陸，兒在台灣。有人盼了一輩子，望穿了秋水，終於得到返鄉的機會，結果卻像那首古詩一樣：「少小離家老大回，鄉音無改鬢毛催。兒童相見不相識，笑問客從何處來。」有人回家後，妻子、丈夫早已再次成家。更有甚者，不知何年何月何日已回歸黃土，大半生的思念最後只化作墳頭的幾棵枯草。

我老婆的姑父去世前，竟然還想著我。他躺在病榻上，還喚我：「小北京兒，小北京兒，你過來……」

每每見到這樣的事，我都深感觸動，決意更加堅持自己對台灣問題的看法。大陸和台灣是淵源已久，一脈相承的。它們彼此有著千絲萬縷的聯繫，絕不能分割。

我和她一個在北京，一個在台灣，隔山隔海。自從我們結婚後，便開始了兩岸往返的生活，

圖為《幸福三重奏》劇照。

有了孩子後，如此頻繁奔波更增添了辛苦，也讓內心動盪不已。我多麼希望有朝一日，生活能夠安定下來，多麼希望大陸和台灣的通路更加順暢，聯繫更加緊密。

和我老婆結婚後，我便把許多時間都投放在家庭上。我老婆的家庭聚會我只要有時間就會出席。時間越久，我就越明白自己為什麼會被她吸引，為什麼當時那麼果斷地想和她結婚。童年時那個總是一個人的我，一直在尋找一個港灣，一個可以停下來，安安穩穩生活的港灣。在這個港灣裡，夢魘驅散了，孤獨化解了，有的只是平靜、溫暖。

我願意為這份平靜和溫暖付出自己的所有。

我們的幸福結成了果

婚後三年，我們到處旅遊，差不多周遊了世界一圈，也覺得很幸福。沒有孩子儘管是個缺憾，但兩個人也挺好，自由，想去哪裡就去哪裡。

兩個人的生活很自由

我們的婚禮鬧得滿城風雨。一時間，無論我們走到哪裡，都會被一群狗仔隊追蹤。我原以為明星被外界關注是一件很風光的事，但當我自己的生活也被那些天花亂墜的報導擾亂時，我突然理解我老婆為什麼除了工作就愛宅在家裡。她說自己的工作環境已經夠喧囂的了，休息時就想與外界隔絕，做些簡單的事，回歸自己。

也因此，我們一早計劃的蜜月之旅，安排在了一個偏僻又安靜的小國——不丹。

不丹位於喜馬拉雅山東段，和印度與尼泊爾一樣，整個國家充滿了宗教色彩。不太一樣的是，這裡限制旅遊的人數，每年只允許一部分人進來，境內的自然生態保護得非常好，到處都是鬱鬱葱葱的樹木，遠方則是起伏綿延的山巒。美麗的宗教城堡坐落在山間，現代化建築很少，大多是湖泊與農田。這裡的人多是虔誠的宗教信仰者，過著與世隔絕的樸素生活。

我們在不丹的那幾天，每天都陰雨綿綿。白天，我們開著車去景點，去了虎穴寺、延布、帕羅……晚上，那裡的商店很早就打烊了，燈也早早就熄，無處可去，我們只能留在酒店，有時和仁波切聊天，有時則是只有我們兩人，天南海北，我們什麼都聊，又像夫妻又像朋友，一場旅行下來，我們對彼此的了解都加深了許多。如果換作在別處度蜜月，說不定還不會有這樣純粹的二人空間。現在回想起來，還覺得當時那種感覺特別好，很難得。

當時，我們有一個共同的願望，就是希望能有一個孩子。

我老婆愛孩子愛得如痴如醉，恨不得把別人家的孩子抱到自己這裡來養。她姐姐和妹妹的孩子當時她都幫忙照顧過，唯獨自己一直與孩子無緣。她說她可以不結婚，但不能沒有孩子，她實在是太喜歡小孩了。

我也很想要個孩子，大概因為我父母很早就離婚了，我對幸福美滿的家庭一直很嚮往。我覺得有個孩子，家就更像個家。因此在生小孩這件事上，我們有明確的共識。

我們把想要個孩子的想法和仁波切說了，仁波切建議我們去不丹，說很多夫妻想要孩子，都會去那裡祈願。

仁波切在不丹為我們做了加持，我們也虔誠地祈願，希望能早日有一個健康的寶寶。

現在回想，生孩子這件事，我認為還是要儘量抱著隨緣的態度。越是著急，越是緊張，越不容易懷上。我認為，父母和孩子之間也存在某種緣分。我們結婚三年，孩子一直沒有消息，結果到了第四年，孩子卻突然降臨，過了一年，又有了老二。

婚後三年，我們到處旅遊，差不多周遊了世界一圈，也覺得很幸福。沒有孩子儘管是個缺憾，但兩個人也挺好，自由，想去哪裡就去哪裡。

初遇小黑

我們沒孩子，養了條狗。婚後三年，那條狗就跟我們的孩子似的。

我們剛結婚那年冬天，有一次一起去上海。上海剛下過一場雪，天是陰冷的，路上沒什麼人。突然，我們在拐角處看見一團黑乎乎的東西，還在動，走過去一看，竟是隻小狗。

小狗看著也就幾個月大，純黑的，是中華田園犬。牠身上很髒，除了沾了一些葉子，毛也都黏在一起了。牠縮在角落裡發抖，我們過去，牠就看著我們，也不叫，看著特別可憐。

我老婆突然做了一個讓我吃驚的舉動。她蹲下，用她那條厚圍巾把小狗一裹，一下就把牠給抱起來了。

於是，我們臨時改變了行程，帶著小狗去了附近一家動物醫院。

到了醫院，醫生卻斬釘截鐵地丟下一句話：「不行了，沒法治了。」

我老婆很執著，堅持說：「醫生，不管能不能治，您都給治治試試吧。」

「不是我不治，治了也是白治，白浪費錢。」醫生很誠懇地勸。

可能是因為她抱了那小傢伙一路，牠暖和些了，此時在醫生桌上，牠竟顯得比剛才精神了些。眼睛睜開了，有點好奇地看著四周。我想，這樣一條小生命，不久後就要離開人世了，如果剛才沒救還好，救了，眼睜睜地看著牠走，心裡就覺得特別難受。我看牠努力掙扎著想站起來，求生意志還很強，便對醫生說：「沒關係，您就治吧，治不好也不怪您。」

就這樣，醫生終於勉強答應試著治治看。

如今，這隻小狗已經活過了八年，長成一隻大狗了。我們給牠起名為「小黑」。回想當初，我們對小黑還真有種像對孩子一樣的堅持。小黑是我們剛結婚時收養的，因而可以說見證了我們一路走來的八年吧。

小黑的地位比我高

小黑奇蹟般地活過來了，在家裡養了起來。我老婆待牠如同親生寶貝，開玩笑說，有時甚至我都有些嫉妒了。一天夜裡，我迷迷糊糊起來上廁所，翻身下床。穿上拖鞋，剛邁出一步，就覺得腳踩在一塊特別鬆軟的東西上，滑膩膩的，差點給我弄個跟頭。

緊接著，一股難以形容的氣味撲鼻而來。我有種極其不祥的預感，把鞋翻過來一看，好傢伙，一坨狗屎！

我氣急敗壞，先褪去拖鞋，然後滿屋子找小黑。牠早已不知藏在哪裡了。我又回頭來找我老婆。

「妳看看妳看看，妳的寶貝，幹了什麼好事？」

誰想，她竟然噗哧一聲笑了出來。

「哈哈，你竟然踩到狗屎。」

「妳再不好好管管牠，我就把牠扔出去！」

我那是氣話，真要扔，我也不捨得，何況當初是我們一起努力把牠救活的，不可能輕易放棄。誰想，她卻認真了。臉一拉，頭一扭，那股強勁出來了：「好啊，你扔牠，我就走。牠在我在。」

我知道，以她的性格，真能做得出來。

我認輸了，那次，我清楚地明白了兩件事。第一，我老婆的脾氣太強了，不能將。順著說還行，你要將她，她能比你還絕。第二，我在家裡的地位不如小黑。

那是我們婚後第一次爭執，其實都不能算爭執，很快就過去了，她知道我說的是氣話後也就緩和了。像這種小波瀾還有不少，但我們吵不起來，因為她不會對著跟我吵，只會默默堅持自己認準的事，如果意識到自己錯了，她就自己消化，想明白了氣也就消了。總的來說，她外柔內剛，我嘴硬心軟，碰到一起，火點不起來。

我老婆喜歡小動物，她家一直養小狗、鳥、兔子……不管養什麼動物，她都對牠們頗為嬌慣縱容，表現之一就是不把動物關在籠子裡。所以每次去她家，都能看見鳥滿天飛，兔子滿地跑，狗吠叫不止的「盛況」。

那隻鳥是一隻八哥，名叫「小乖」，實際一點都不乖，牠彷彿知道我老婆縱著牠，就專找她欺負，有一回，她躺在床上背著背著台詞就睡著了，夢中感覺有一股異味撲鼻，頭上好像有什麼東西，她用手一抓，黏糊糊的，一睜眼，發現「小乖」真在她頭上投下了一顆「炸彈」……

儘管如此，她依舊寵著「小乖」，「小乖」就變本加厲，每次她一回家，「小乖」就圍著她的頭飛，追著啄她，我老婆臉色一變，一呵斥牠，牠就趕忙逃走，淘氣至極。她家中常能發現狗屎、鳥屎、兔子屎，她倒也不麻煩別人，總是自己一點點收拾。去她家久了，我的潔癖也在不知不覺中被治好了。

吃素的淵源

很久以前，我老婆就和小狗有過一段淵源。那件事，和她多年吃素有著緊密聯繫。

認識她不久後，我就發現她吃素。我以為她信佛，結果不是。她的信仰很奇怪，她說她什麼都不信，也可以說一切神明都信。後來在台灣生活過一陣，我才了解，台灣的確供奉著許多神，除了釋迦牟尼、玉皇大帝、土地公、媽祖，還有許許多多守護著各個領域的神。

有一座廟，供奉的是一隻小狗。傳說牠的主人出海，遇到海難，小狗一直望著主人出海的方向等待主人回來，不吃也不喝，直到餓死。後人為了紀念牠對主人的忠心，特地為牠修建了一座廟宇，叫作「十八王公廟」。

我老婆相信萬物有靈，不忍殺生，但這不是她當年選擇吃素的原因。她當年開始吃素，是為了一隻小狗。

那隻小狗叫「五妹娘」，是她二十出頭時養的。五妹娘兩歲時忽然得了重病，醫生們都束手無策，她便祈願，如果能讓「五妹娘」多活一年，她就願吃一年素。結果，奇蹟發生了，五妹娘不僅活了，還一口氣活了十三年，直到十五歲時才走。她也就因此，一下吃了十三年素食。

她重新開始吃肉，是因為很多滋養身體的補品裡都有肉。比如我媽讓她吃的阿膠，是驢皮熬的，一開始她拒絕，但是後來，我們實在很想要個孩子，她才打破了自己堅持了十三年的原則。

飲食調整後，她的體重稍稍有些上漲，外界就說她是婚後的「幸福肥」，其實她只不過是恢復到了正常狀態，過去的她實在太瘦了。我常常覺得，人們對明星身材的要求，實在有些高得離譜。

小鳥來了，帶來了孩子

婚後，我老婆先陪著我留在北京住了一段，後來我們就開始了北京、台灣兩頭跑的生活，沒孩子的時候倒也不覺得累。大部分時候，兩頭跑的是我，因為我在北京還有「蘭會所」的事業要忙，她在台灣也有工作。我們在北京和台灣各有一個家，台灣的那個家，說來還有一段趣事。

我們在台灣的那個家，附近就是一片墳地，按理說不太吉利，但那棟樓的業主馬玉山先生和他的妻子精通風水，建樓之初就在樓底下埋了好幾個符，沖邪消災，並保佑這棟樓人丁興旺。後來的事實證明，那幾張符果然非常有效。

我和這位馬玉山先生算是忘年交，我們在一次國共論壇上結識，彼此甚是投緣。他原是山東人，是我老婆爺爺的老鄉。國民黨敗退台灣那時候，他和我老婆的爺爺一起乘船來到這裡。我老婆的爺爺長他幾歲，那時候已經是一名國民黨軍官了，他還是個學生。那天，學校還上著課，老師忽然驚慌失措地衝進教室，說大家別上課了，快跑吧，要打仗了。一時間，衆人亂作一團，紛紛往碼頭跑。很多人連家都沒來得及回，就匆匆上了開往海南的船。船到了海南後繼續向東南開，就到了台灣。這一去就是好幾十年。

台灣有許多外省人都是這種情況，一朝和家人別離，就是大半生的分別。我聽說一個故事，同樣是一個山東的孩子，一天，他母親讓他上街打瓶醬油去，回來的路上，突然就聽說要快些撤退離開，同樣沒來得及回家告訴父母，孩子坐船到了台灣，一去就是將近五十年。孩子變成老人，兩鬢斑白時才又踏上家鄉的土地。他的母親當時竟還活著，想到有生之年還能和母親見一面，這個歸鄉人激動得連跑帶奔地往家鄉村口跑。還沒到村口，遠遠地就看見一個矮小的身影，一個老婦正在村口張望。那人走近一看，竟是自己的老母。老母眼睛都花了，茫然地看著四周，看到他後，老人沒有流淚，只是站在原地，仔仔細細地上下打量著自己歸來的兒子，緩緩地吐出幾個字，聲音發抖：「兒子啊，你這個醬油打得時間太長了。」

馬先生初來台灣，沒有工作，當了一陣「無業遊民」，後來轉好，做了警察，再後來接觸了房地產，慢慢成了一名建築商。他生意做得很成功，在台灣結了婚，妻子是一位淳樸而傳統的台灣女性，美麗而有氣質，即便上了年紀，依舊舉止大方，談吐不俗。

說來，我和我老婆後來能有小玥兒、小希箖，和馬先生一家的協助不無關係。我老婆懷孕後，我們還特地去看馬先生，他們一家聽說這個喜訊，就像發生在自家的好事一般歡喜，真心實意地為我們高興。我在台灣時受到了他不少照顧，至今難以忘懷。

且說我們婚後三年都沒有孩子，住進那棟樓不久，就發生了意外之喜。

二〇一三年春天，我們家的窗台上來了一對「不速之客」。

一對小鳥，忙忙碌碌地叼來許多樹枝，在窗台上築了個巢。不久後，小鳥下了一窩蛋，一共四顆，不久後，蛋紛紛破殼，四隻嘰嘰喳喳的小傢伙就誕生了。

雌鳥留在巢中照顧小鳥，雄鳥每天去找吃的。但是雄鳥每日的收穫不多，兩隻大鳥和小鳥們都常常餓著肚子。我老婆本來就喜歡小動物，見來了這麼一窩小朋友，很是高興，見牠們老沒吃的，便試著拿小米餵牠們，結果牠們不吃，眼看就要餓死了。

這時，費玉清得知此事，給了我們一袋小蟲，說這叫「麵包蟲」，小鳥喜歡吃。麵包蟲黃膩膩的，蠕動著，看著有點噁心。我老婆不敢拿，餵小鳥的工作就落在我身上了。新生的小鳥沒長毛，像一窩小老鼠，張著大嘴，翹首盼著吃的。

坦白說，這任務對我來說頗為艱難，別人看這些小鳥的樣子可能會覺得很可愛，還有點喜感，但我因為以前對老鼠有過陰影，對像老鼠的小動物都有點牴觸，每次看到小鳥光禿禿灰溜溜的樣子，我就渾身起雞皮疙瘩。可誰讓我是男人呢，硬著頭皮也得上。

不過，小鳥帶給我們更多的還是歡喜。牠們吃了麵包蟲後，一天天長大了，我家陽台變得特別熱鬧，有一段時間，我們每天早上都是被小鳥的叫聲喚醒的。

我們聊天，猜測這件事是不是有什麼意義。當時我老婆隨意地說，估計是報喜的吧，咱們家估計快有好事了。

說完這話後沒多久，雌鳥帶著小鳥們飛走了，窗外一下安靜下來，不吵了，我們卻有些失落。

一個月以後，我老婆突然告訴我她懷孕了，而且已經兩個月了。她說，其實就在小鳥飛走的那天晚上，她想起自己好像有一陣沒來月事了，就拿試紙測了一下，發現竟然懷上了！但她怕情況不穩，不敢跟我說，自己瞞了一個月，直到不久前偷偷找醫生檢查，確認胎兒很健康時，她才告訴我這個好消息。

說來也巧，那一年，我們住的那棟樓有四五對夫妻都懷上孩子了，幾個孩子前後腳出生。懷孕時我們幾家人就常常一塊交流，孩子出生後都差不多大，又能玩到一塊去，這樣一來，鄰里間的關係變得特別好。

這時想起馬先生和他妻子當時埋下的符，就覺得頗為巧合。如果真是那符起了作用，那我們可真要感謝他們夫婦啊！

懷孕不久後，我們就去馬先生家拜訪，告訴他們這個好消息。馬先生喜笑顏開，他的妻子篤定地說：「沒錯，當初我可埋了好幾個符呢，就是要求多子多福的！」

這些事可能有些迷信色彩，我對此是將信將疑，但台灣這片土地真的很神，有些東西說不清楚，除了上次在酒店遭遇「紅衣安妮」的事，我再和大家講件事吧。

靈異照片

一天下午，我帶小玥兒去海邊玩，回來的路上，玥兒說她想上廁所，那時離家還有一個小時的車程，剛好前面有個路肩，我就停了車，準備讓玥兒臨時解決一下。

那是一片海邊公墓，彼時離天黑還有一段時間，我心想應該沒什麼事。公墓旁有一輛銀色摩托車，上面沒什麼灰，顯然是最近剛停的。車還沒上鎖，孤零零地停在那裡，有些可疑。墓地上荒草叢生，我帶著玥兒正找地方呢，忽然，一股刺鼻的臭氣迎面撲來。玥兒一下大叫：「好臭哦！」

那是一股腐敗的臭氣，令人作嘔。可是就一會兒的工夫，那臭味又沒有了。

我看看周圍，遠方的海景還挺漂亮，天邊一望無垠，海天連成一線，陽光灑在海面上，波光粼粼，我順手拍了幾張照片。

我對玥兒說不臭了，咱們在這裡上廁所吧！

玥兒有些要哭，拉著我回車裡，說爸爸我不要在這裡上廁所。

我說沒關係啊，這裡沒有人，妳就在這裡上吧，到家還得好一會兒呢。

玥兒使勁搖搖頭，說：「不要！髒！」

我覺得有些納悶，她過去並沒特別在意過環境髒或乾淨，小孩子上廁所容易著急，一般都忍不住，可那天不知怎麼了，玥兒就是不願意在那裡上廁所。

我只好帶她回家，她一路上就那麼忍著，到了家，她第一件事就是衝進廁所。這時，我拿出手機，跟我老婆一起看我路上拍的照片。

開始的幾張都挺好的，到了海邊公墓那塊，我老婆的臉忽然沉下來了。我一看，凡是在那裡照的照片竟然都是花的！黑的、棕的、紅的，各種暗色湊在一起，光線也特別暗。可是我記得當時的天明明還是亮的。再仔細一看，那一片黑黑紅紅的斑塊裡竟然有個人臉！我和我老婆來來回回翻了好幾遍，仔細看了好久，每張都有這個人臉。再回想，那裡又沒人，怎麼會突然冒出一輛摩托車，還沒上鎖？頓時，我們起了一身雞皮疙瘩。

玥兒上完廁所蹦蹦跳跳沒事人一樣地出來，跑向媽媽。她媽媽在孩子面前裝作沒事。找機會，她偷偷跟我說，快！把照片全都刪掉！那一晚，她一夜未眠。

這些玄之又玄的事，究竟什麼原因，很難說。台灣有很多公共墓地，大多年代久遠。不少海邊的廢棄漁場、廢棄建築久未有人管理，到了晚上就感覺很瘆得慌。這裡很多人都信鬼神，各種各樣的廟無處不在。我對這些事的看法是：將信將疑，保持敬畏。

這些事，一方面現在沒有人能真正去證明，另一方面，它多多少少會讓人對生命、對大自然懷有一些敬畏，讓人不敢過分地去傷害，去破壞。做一件事時，因為想到這些因素，就不敢那麼無視道德，無所忌憚。但同時，它也可能會被人利用，蠱惑人心，牟取利益，我認為我們只要去選擇接受一件事好的方面就可以了，不好的那一面，心裡明白，保持距離。

三口之家

不得不說，我和我老婆的體質都比較敏感，她尤其突出。她對靈異的事情又害怕又好奇，一方面害怕，聽不了鬼故事，一旦聽了就整夜睡不著。一方面又好奇，比如她會去拍一些科幻片、殭屍片，這一點常常讓我感到詫異。

她還很喜歡研究外星人，熱中於研究太空，買過很多科學雜誌。家裡還收藏了不少稀奇古怪的外星人小模型。她深信外星人一定存在，一直樂此不疲地關注相關的新聞。

她甚至對醫學也很感興趣，曾說過如果不當演員，想當一名外科醫生……

我最初認識她時，只覺得她是一個文靜、溫柔的女孩，相處時間久了才發現她的另一面：冷靜、淡定、很有主見。表面上柔和，內心其實特別倔強。她要是對什麼事下了決心，十頭牛都拉不回來。

有了小玥兒後，她依舊保持我行我素的個性，有時，我還會感覺她像個高中小女生，有些任性，不失可愛；有時，她又顯得很成熟，很有主意，能獨當一面。她是個有些神秘的人，即使和她在一起生活了那麼久，有時候我還是覺得她有些捉摸不透，搞不懂她在想什麼，但這正是她的魅力所在。

我對她的感情，沒有隨著時間推移而減少，相反，時間越久，覺得她越親。這八年，我們的婚姻偶爾有些小波瀾，但大多很快就平息了，大抵是因為性格相投。我脾氣衝動，但碰上她的細聲細語，就像一拳打在棉花上，根本沒有勁道。有時我拿不定主意時，她又能替我出謀劃策。

玥兒出生後，我為了工作，仍有很多時間不在台灣。我常常在北京待一週，工作一做完，立刻飛到台灣和她們母女倆團聚。但在台灣也只能待一週，很快又要回北京工作。這種模式本來在玥兒出生前就持續多年了，但一有了孩子，就總感覺肩上的擔子比以前重，步子也更邁不開了。

孩子太小，不能經常跑那麼遠，記得玥兒第一次坐飛機來北京時只有三個月大，要掐準了她餵奶的時間訂機票，因為她喝完奶後就睡了，正好上飛機，一覺睡到飛機降落。有一次趕上飛機晚點，玥兒已經喝過奶了，醒著上了飛機，結果哭了一路。看著玥兒哭得那麼厲害，我也挺歉疚的，大人辛苦，孩子也折騰。

有時候想，孩子大些後可能會好一點，可是我和我老婆又都不希望玥兒那麼快長大。孩子成長的每一段時光都是很寶貴的，一去不復返。我想盡可能地多陪陪玥兒，每次在台灣，除去必要的工作時間，我都盡可能地和家人待在一起。儘管如此，美好的時光還是過得太快，不知不覺，玥兒已經五歲了，快成大女孩了。

我可愛的玥兒，爸爸希望妳一輩子都健健康康，快快樂樂。

兒子給我上了第二堂生死課

經歷過生死，我們都更加懂得生命可貴。我們更珍惜在一起的每一刻，因為我們都明白，生命無常，活著，相聚，是多麼難得！

小鳥再臨，喜憂參半

那是二〇一五年春天，玥兒出生後不到一年，我們家窗台上又飛來一對小鳥。和前一年的情況如出一轍，牠們先是築巢，而後就開始孵蛋。我和我老婆自然也像去年一樣餵牠們。我們心中都暗暗生疑，去年小鳥來了，我們迎來了第一個孩子，現在該不會……雖是這麼想，但還是覺得可能性很小。

我老婆當月的月事剛好又推遲了，她就懷著僥倖心理測了一下，結果讓我們震驚，我們竟然真的要有第二個孩子了！玥兒才剛滿一歲啊！

有了生小玥兒的經驗，這次我們不再手忙腳亂，我老婆儼然成為了「育兒專家」，對什麼階段要準備什麼了然於胸。一切有條不紊地進行著。

萬事俱備，就等預產期到來了。可是這一次，我心裡總有種不安，可能是因為老婆剛剛經歷過一次生產，也可能是因為她的年齡稍微有些大了，我怕她的身體吃不消。總之，因為種種擔心，我們這一次選擇了剖腹產，時間預計在轉年的五月。

二〇一六年五月十四日，正午，烈日當頭，正是一天最熱的時候。臨近十二點，手術要開始了，我老婆被推進了產房。沒來由的，玥兒突然喊了一聲：「媽媽！」那一刻，我心裡突然有種不好的感覺。五月的台北已是十分炎熱，熱浪從窗口向我襲來，我卻不由自主地打著寒戰。我看著產房的門關上了，心裡更慌，但除了耐心等待，我也別無他法。

我抱著玥兒在門口等，感覺一分鐘像一小時，煎熬萬分。時間好像過了一個世紀，終於，產房的門開了，醫生們面帶微笑地走出，宣布兒子平安降生，一時間，大家歡騰一片，長輩們馬上都去看兒子了。

那天，非常邪門，我一直有種特別不踏實的感覺，醫生出來很久了，老婆卻還沒動靜。我的心揪緊了，趕緊拉著一個醫生問：「我老婆呢？我老婆怎麼樣了？」

醫生平靜地答：「沒事，她挺好的，正在裡面休息呢，你去看看吧。」

走進產房，我看見她閉著眼睛，虛弱地躺在床上，兒子的啼哭還在身後，清亮高亢，我有些恍然，一切有些像作夢。

我走到她床邊，拉起她的手。她慢慢睜開眼，麻藥的作用還在，她有些迷迷瞪瞪的，看見我，喃喃對我說：「老公，我感覺我剛才靈魂出竅了。」

這突如其來的話令我費解，也加劇了我心頭的不安。但我要安撫她，不能自己先亂了陣腳。我看她臉色蒼白，幾乎沒有血色，一頭的汗浸濕了床單，嘴唇也是乾裂的，心疼不已，她一定是太累了，出現了幻覺。

我安慰她：「不會的，應該是麻藥的事。」這時，長輩們抱著兒子進來了。我對她說：「你看，妳兒子，多漂亮！妳別想那麼多，先好好休息！」

她歪著頭看了看兒子，高興了，閉上了眼睛，沉沉睡去。

一針麻藥下去，我沒想到

把我老婆從產房轉移到醫院對面的月子中心，安頓下來後，長輩們就高高興興地出去慶祝了。他們早預訂了旅行的機票，只等母子平安，就準備好好去放鬆放鬆，誰想到他們走後沒多久，危機便突然降臨了。

我老婆昏睡了幾個小時，下午五點，她醒了。醒了沒多久，她就用手捂著下腹，臉色蒼白，牙關緊咬，我忙問她：「怎麼了？哪裡不舒服？」

她跟我說疼，肚子劇烈地疼。

當時她打的點滴是德國的嗎啡，此前已經打過兩袋了，滴得很慢，幾秒鐘滴一滴，按理說嗎啡是止痛的，但是似乎沒什麼作用。她疼痛難忍，在我看來已經超出了正常範疇。她還同時打另一個藥，我不知道那是什麼藥，便叫大夫來，大夫說那藥是促進宮縮的。為了防止我老婆產後大出血，需要讓她的子宮加速宮縮。

那個醫生頗為年輕，回答我的口氣有些隨意，彷彿我老婆當時的反應是很平常的，可當時她疼得汗如雨下，幾乎要暈厥過去，狀態非常不好，讓我實在很難淡定。情急之下，我發了條訊息給我的一個醫生朋友，向他詢問情況。他說一般產後痛有兩種，一種是傷口痛，一種是宮縮痛，傷口痛在外面，宮縮痛在裡面。我老婆這麼劇烈的疼痛，應該是宮縮痛，她打的麻藥只管外面的傷口痛，對宮縮痛沒什麼效果。朋友建議我再讓醫生來看看，檢查一下目前採取的止痛方案是否對症。

我把醫生找來，讓醫生再好好看看，並且詢問醫生我老婆這麼痛究竟是怎麼回事。醫生也告訴我她這是宮縮痛，我又問該怎麼止痛，醫生說這不是打著藥呢嗎？我忍不住反駁，說現在的麻藥是管傷口的，而宮縮痛是裡面痛。如果麻藥管用，她怎麼還會這麼疼？

醫生猶豫了一下，又上前查看了一下我老婆的情況，他一時間也難以定奪，便去把麻醉師找來了。

麻醉師來了，看了看她的情況，他和醫生交流了一下，隨即給我老婆的靜脈打了一針。我忙問打的是什麼，麻醉師說是「呱替啶」，打完疼痛很快就緩解。

就在那時，醫生還沒來得及轉身，我老婆的狀態就突然有些不對，我湊過去問：「老婆妳怎麼了？沒事吧？」話音未落，她突然開始劇烈抽搐。

登時，我嚇壞了，趕緊叫醫生。可那醫生也沒碰上過這種情況，竟也呆住了，手足無措，片刻，他才回過神來，上前使勁掐我老婆的人中。

什麼？這種情況不應該趕快用藥嗎？為什麼要掐人中？危急時刻，我顧不上太多禮節，氣急敗壞地對那個醫生說：「你快去，快去給她打一針類固醇！」

那醫生疑惑地問：「為什麼要打類固醇？」

「治過敏啊！她這是過敏了，趕緊給她脫敏啊！」我吼道。

我當時不知道我老婆為什麼會突然有那樣的症狀，但她的確是在那一針「呱替啶」打下去後才開始抽搐的，我認為最大的可能性就是過敏。而類固醇則是在人最虛弱的時候的一針強心劑。

可是那個醫生告訴我不能打類固醇，但他也不知道該怎麼做，於是就站在原地不動。

那時，我老婆整張臉都憋紅了，她幾乎已經窒息，氣喘不上來。我趕緊去掰她的嘴，一方面怕她咬到舌頭，一方面讓她那口氣出來。

那醫生又來按她人中，這回一按，總算有了效果，她那口氣出來了，醒了。

她醒了，茫然地看著四周，迷惑地問：「這是哪裡？」

我感覺自己快哭了，看著她的眼睛，告訴她這是醫院。

她皺著眉問來醫院幹嘛？她環視著周圍，感覺還在神遊，精神還沒回到當下來。

我說妳剛生了個小孩啊，咱們的兒子，就在中午。

「生了一個小孩？真的？」她完全想不起來了。

醫生伸出兩個手指，問她：「這是幾？」

那一瞬間，她突然想起來了，登時抓住醫生的衣服，急切地對醫生喊：「醫生，我要死了，你救救我。我還不能死。你快救救我吧醫生！」

醫生安慰她說：「妳看妳老公不是在這裡呢嗎？還有他呢。」

看著她的樣子，我心如刀絞，那種看著自己愛的人受苦，自己卻不能幫她分擔的感覺，就像一把刀狠狠地砍在心上，那個感覺會讓人這輩子都忘不了。

這時，又一個醫生來了，說她的情況是癲癇，要打癲癇藥。

我心想，這是癲癇嗎？這是「子癎」吧？她從來沒有癲癇史，而子癎則是懷孕時才有。因之前打過那針後，她馬上便出現了危急狀況，我對醫生有些不信任。如果不是癲癇，貿然用藥會不會再過敏？

後來我了解到，她在生產時就有一段時間突然抽搐，只不過時間很短，僅僅維持了幾秒鐘就過去了。因為當時別的指標也無大礙，孩子又平安降生了，而醫生也就沒有特別關注。現在回想起來，她和我說的所謂「靈魂出竅」，約莫就是那幾秒鐘抽搐造成的感覺，她因為缺氧，大腦裡一片空白，意識恍惚，加上麻藥的作用，也許就和「靈魂出竅」感覺相似。

剛剛那一針「呱替啶」讓我耿耿於懷，我上網一搜「呱替啶」，發現原來這藥正是「杜冷丁」。「杜冷丁」是極強力的麻醉劑，在大陸是嚴格控制使用的，稍有不慎，就可能導致嚴重的後果。尤其此前我老婆已經打過三袋嗎啡，此時再注射「杜冷丁」是非常危險的。想到我老婆當時的反應，我不由得寒毛倒豎。

說到藥物過敏，我自己深有體會，因為我一直患有罕見的「史蒂芬強森綜合症」，這種病對很多藥物都有過敏反應，比如阿司匹靈，比如抗癲癇藥。一旦服藥過敏，嘴唇和口腔內就會開始長泡潰爛，前面提過，有一次我去見我老婆的家人，因為頭疼，吃了兩片藥，結果整個嘴就開始腫，以至於我到她家時，形象非常糟糕。因為有這個病，所以我對抗癲癇藥也比較警覺，一聽要給老婆打這種藥，就感到不對勁。

雖然我不如醫生專業，這種時候本也該聽醫生的，可是我真的怕一下錯了後悔莫及。過敏可不是小問題，有可能會出人命的。剛剛那一針真的把我嚇到了，我以為我快要失去她了，她當時要是繼續抽搐下去，情況就真的不妙了。當時，我不能確定她會不會對抗癲癇藥也過敏，雖然「史蒂芬強森綜合症」是小機率疾病，但最近隨著氣候變化和人的飲食不安全的問題，得這種病的人越來越多了。

於是我勸阻醫生：「別，這個藥不能打。她這個不是癲癇，她之前從來沒有癲癇史，她這是產後子癇。」

醫生愣愣地看著我，思忖片刻，轉身離開了。那一針沒有打。

不到一分鐘，鬼門關走了一回

月子中心的值班醫生陸陸續續走了，只剩下幾個護士，老婆的情況看起來也稍微平穩些了。我借這個時機給長輩們發信息，告訴他們剛才老婆情況有些不好，暈厥過去了，現在好了。他們聽聞馬上說要趕過來，我說現在沒什麼事了，我一個人守著就行。我想著今晚就不睡了，守過今晚，如果剛才的情況沒再反覆，應該就好了。

可我還沒來得及祈禱老天保佑，危機就再次降臨。突然，床開始抖，老婆再次抽搐起來，很快，她的臉就憋紫了，腫脹得像個茄子，我喊她名字，她聽不見，幾乎已經失去意識了。

我去掰她的嘴，忽然發現她已經沒呼吸了！

那一刻，我的心咯噔一下，幾乎要停跳了，大腦也瞬間像被電擊了一般。怎麼辦？時間飛速流逝，如果我不做些什麼，如果真的就這樣下去……後面的事，我沒法想。我懵了，但那一瞬間，我告訴自己不能懵，必須冷靜。

月子中心在醫院對面，這邊的醫生又都走了，想找醫生就得去馬路對面，或是讓護士去叫。醫生從那邊過來約莫要三到五分鐘時間，對大多數產婦來說，等待十分鐘也沒什麼大礙，但我老婆絕對不行。她現在都沒呼吸了，再這樣下去，幾分鐘，人就不行了，就算搶救回來，腦缺氧時間太久，不是死也是植物人！去找護士？那幾個護士都是年輕的小女生，萬一面對這種情況也不知道怎麼辦呢？時間一秒一秒過去，那時候，我才深切地體會到什麼是絕望，什麼是叫天天不應，叫地地不靈。不能再耽誤了，我必須馬上作個抉擇！

我真希望時間能停下來，就給我五分鐘，可是不行，我一秒都不能再等。我決定給她人工呼吸。幸好我之前專門對此參加過培訓，知道該怎麼做。我開始拚命按壓她的胸口，按得很深，一下一下，我懇求著上蒼，我老婆是個好人，她那麼善良，連一隻小狗都投入那麼大的愛心，能不能別讓她現在就走？突然，她嘴裡噴湧出一口黑乎乎的東西，幾乎濺到我臉上，我一看，是一口渾濁的膿血。

那一瞬間，她的呼吸恢復了，人也醒了過來。

我不知道那口膿血是怎麼產生的，可能是抽搐導致的胃出血？總之，當時她之所以窒息，就是因為被那口血給堵住了。

我看她醒了，能呼吸了，二話不說就轉身出去找護士，讓護士叫醫生來。不久後，醫生們匆匆趕到，那時候她基本上已經緩過來了。

匪夷所思的是，醫生們觀察了她的情況後，決定把她的嗎啡撤掉，說她是對嗎啡過敏了。我覺得非常不對勁，嗎啡已經打了很久了，她都沒有出現剛才的狀況，是那針杜冷丁打下後她才突然開始抽搐的。我至今心存疑惑，但在當時，我也沒辦法說服醫生。後來，我不停地回想，也許當時她應該打那一針癲癇藥？可她確確實實是在打過杜冷丁後才抽搐的，我那天不太信任醫生也是因為如此。

回想當時的情況，我承認自己不該干涉醫生治療，可在那個生死攸關的時刻，你真的會非常緊張。只有你一個人，你做的每一個決定都有可能牽扯到你愛的人的生死，那種壓力異常巨大。我眼睜睜地看著那一針杜冷丁打下去，然後她馬上就開始抽搐，那一刻，我想死的心都有了，後悔沒有阻止醫生打那一針。還有，她既然在生產時就抽搐過一次，為什麼之後沒有和我說？過敏了，不給用過敏藥，卻只是掐人中。這些地方都讓我產生了強烈的不信任感。

我無意再去責怪誰，老婆最後平安是最重要的，但整個過程她受了很大的罪。那天醫生把麻藥停了，後來的兩週，她一直都沒打麻藥，剖腹時的傷口那麼大，看得我觸目驚心，她就一直疼著。那天她進了ＩＣＵ，隔日後出來，之後每天都要打十幾針止痛劑，全身處處都是針孔。

也許，老天賜給我們第二個孩子，是他給我和老婆的莫大恩惠，但想要獲得這份恩惠，必須經歷挑戰；也許，命中注定，我們要攜手度過這次劫難，對她，對我，都是人生中最艱苦的磨礪。也許走過去了，前面就是柳暗花明。

後續幾天，接連有圈中好友來看望她，偉忠哥、蔡康永、力宏都來了，在她床邊陪她聊天。她很堅強，即使受了那麼大的罪，還笑臉迎人地面對朋友。朋友都鼓勵我們，不斷給我們支持，這也讓我們稍微好受些，那段時光雖然難熬，但總算還是過去了。

那段日子可以說是我人生中最艱難的時刻，世上最大的痛苦，莫過於每天看著自己所愛的人受折磨，而自己卻無能為力！你不能分擔她一絲一毫的難受，不能替她疼。這種時刻，你感到一種深深的無力感，這種無力感是直接往心裡扎的，直到現在，每當我回想那個時刻，巨大的負疚感都會將我淹沒。

鬼門關走了一回，經歷了數日的治療，我老婆終於康復出院。陪她走出醫院的那一刻，我感覺整個心一下子鬆下來了。家人都在等著我們回去，玥兒也想媽媽，她終於等到媽媽平安回家了。

在那之後的一段時間，我老婆的身體還是比較虛弱，不過被孩子包圍的幸福，做為一位母親的幸福，一天天治癒著她，治癒著我們兩個。創傷一點點被撫平，溫馨快樂的每一天又慢慢被找回來，我想，這就是家的力量，是愛的力量。

兒子健康是我們最大的安慰，這孩子天生愛笑，無論什麼事，哭兩三下就完，絕不一直哭鬧。每每看著他，我心中都在說，孩子啊，你可是你媽媽付出了那麼多辛苦才來到這個世上的，你將來一定要對你媽媽好，她真的不容易。

像竹子一樣成長

兒子起名叫「汪希箖」，「箖」字的意思是一種竹子。這個竹是南陽諸葛亮茅廬旁生長的丈高百尺的竹子，我們希望他像竹一樣安靜，能思考，像我老婆那樣有主意。不要像我那樣遇事容易衝動。

老婆的身體漸漸恢復，小希箖也真如雨後的小竹子一般，飛快地成長。玥兒一天比一天像個大女孩。一切似乎都過去了，夢魘離我們越來越遠，不過我仍舊有時會夜半驚醒，猛地坐起來，看

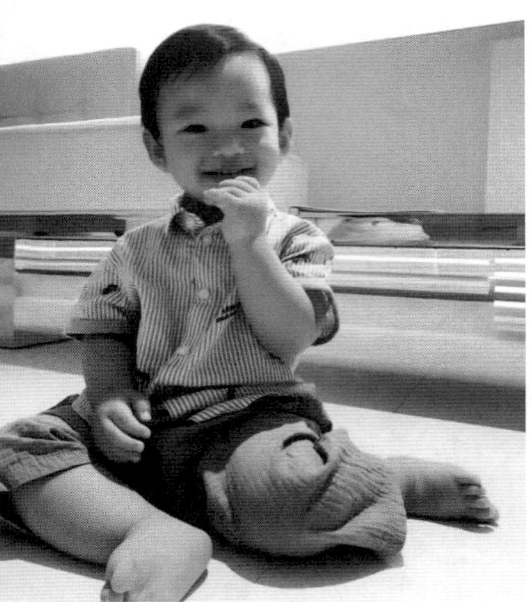

兒子生來愛笑，陽光豁達，磕磕碰到哪裡，哭兩聲很快就收住，不要人哄。
他的名字叫「希篠」，希望他像竹子一樣，剛毅有節，長成一個頂天立地的男子漢。

看身邊，她的睡臉仍舊安穩，呼吸規律，我才長出一口氣。

經歷過生死，我們都更加懂得生命可貴。我們更珍惜在一起的每一刻，因為我們都明白，生命無常，活著，相聚，是多麼難得！

我老婆是個偉大的女人，我在她身上看到了一種堅毅，我知道，為了孩子，她可以赴湯蹈火，如果她面前有個火坑，為了孩子，她也絕對可以毫不猶豫地往裡跳。我看著她，常常自覺羞愧，我做為一個男人，比她脆弱，比她患得患失，她所受的那些苦，我光在旁邊看都覺得承受不了。

我一直有一個夢想，就是開一家獨具特色的酒店。這個夢想多年來一直在我心頭醞釀，終於有一天，我覺得自己可以付諸行動了。我想開一家家庭主題的酒店，我希望這家酒店能夠給來台灣旅遊觀光的家庭一個溫馨、安穩的居所。這家酒店於我而言，更重要的是寄託情感，寄託我對大S，對我們全家的情感，寄託我對一路走來支持我的朋友們的感恩。

只要全家能在一起，我便心滿意足，別無他求。

台灣，我的第二個家

當我和妻兒在台灣家中的窗前眺望夜景的時候，晚風拂面，星月舒朗，台灣的那種溫馨、美好的氛圍又回到了我身邊，我多希望這種氛圍能夠持久，多希望自己不再提心吊膽，不再擔心有一天會發生什麼意外，以致我和妻兒分別後再難相見。

鄧麗君的歌，漂洋過海

我出生那年，大陸領導人第一次明確了「三通」政策，「通郵、通商、通航」，整整隔絕了三十年的海峽兩岸，重新建立起聯繫。

不過，童年的我，對於台灣這座遠在千里之外的海島的唯一印象，僅僅來自鄧麗君的歌。還記得我父親創業賺錢那次給家裡買的那台「高級音響」嗎？那時，那台音響除了經常播放我喜歡的搖滾樂、流行音樂，自然也常放鄧麗君的歌。那個年代，誰沒聽過她的歌呢？那正是鄧麗君紅遍大江南北的時候，正是她那甜美溫柔的嗓音，帶給我對台灣的最初印象。

榮幸之至的是，後來鄧麗君的四嫂到了S Hotel的餐廳出任總經理，我機緣巧合地又和鄧麗君的三哥結緣，成了忘年交。鄧麗君的三哥高大英俊，氣質極佳，我從他身上能看到一些鄧麗君的影子。通過和他們的交談，時隔多年，我又一次從另一個角度了解到鄧麗君，了解到她的歌。

我真的很感恩能有這樣的緣分，如果我沒在台灣開酒店，可能也不會結識到鄧麗君的家人，這對我來說是莫大的榮幸。說到這裡，我想多說幾句。我從小對音樂就有種莫名的敏感，我媽說小時候她給我放音樂，一放我就流眼淚。

「小菲，你哭什麼呀？」我媽笑話我愛哭鼻子。

那時我才四、五歲，剛剛懂點事，我自己都不知道自己在哭什麼。

十幾歲時因表哥的關係，我接觸到了當時京城搖滾圈最核心的一批人，可能他們也是當年中國最核心的搖滾音樂人了。現在回想起來，我還是會覺得興奮，因為一直以來，音樂對我的成長，對我的心境的影響都特別大。且不說那時我整天整日地背著小播放機，一刻不停地聽歌，就說一九九五年——我至今都覺得那一年非常怪，就在一九九五年五月，唐朝樂隊的張炬和鄧麗君，當時中國樂壇兩種風格的音樂的極具代表性的人物，相繼去世，前後就相隔幾天，而且都是那麼突然。他們走後，中國樂壇劇烈地震盪，我不敢去評價一代人的心境，只能說我自己的感覺：當時，我覺得好像有什麼東西被抽走了。如果說張炬代表的唐朝樂隊曾經帶給我的是青春的感動，那鄧麗君的歌聲就曾帶給我一種溫柔的撫慰。我想，音樂就和文學一樣，對一個時代有一種紀錄性，它們滿載著一個時代的記憶。他們的離開，讓我覺得好像一個時代都漸漸離我遠去了。

所以後來有幸遇見鄧麗君的四嫂和三哥，我才覺得特別有感觸，可能這種緣分對我來說，真的就像和一個時代重逢，當年的許多記憶一下子就回來了。

那時還是孩子的我，對音樂自然只是有一些感性上的認識，很多時候只覺得好聽，甚至為之著迷，但卻說不出為什麼好聽，那些旋律為什麼那麼吸引我。

隨著自己漸漸長大，我也能慢慢組織自己的語言，表達出一些自己對音樂的感受了。比如鄧麗君的歌，當時它們在大陸流傳，大陸人認可的除了音樂本身，我想還包含著一些難以言明的情緒：改革開放初期，大陸和台灣已經隔絕了近三十年，物理上雖相隔，根植於記憶中、蘊藏在血脈裡的聯繫卻一天都沒斷過。很多大陸人的親人在多年前離開故土，一別近三十年，至親分離，將近大半生無從相見，那種思念是刻骨銘心的。而鄧麗君的歌漂洋過海，它們彷彿承載著海峽那頭親人們的訊息，那婉轉悠揚的旋律，彷彿訴出了綿延不絕的思念與哀愁……

那時候連去一趟郊區都覺得像出趟遠門的我，從沒離開過家，怎麼能體會那種深深的鄉愁呢？只是「台灣」這個地名，被鄧麗君的歌聲傳遞進我的心裡，在我心裡埋下一顆種子，多年後我背井離鄉，隻身一人去法國留學，當年種在心中的對台灣的情感，才漸漸發芽，記憶裡，我對「台灣」的感覺，似乎總是和「鄉愁」這個詞聯繫在一起，所以在國外，在那個特別能喚起我鄉愁的地方，「台灣」雖然和當時我的生活不太相關，但卻總是莫名地牽動著我的情緒。

猶記得二〇〇〇年，台灣大選。當時是連戰對陣陳水扁，我在巴黎用一台小收音機收聽選舉實況——在那之前，陳水扁就已經發表了諸多「台獨」言論，我那時雖然從沒去過台灣，卻莫名地牽掛那次選舉的結果——結果是陳水扁獲勝了，我一連難受了好幾天。

在法國，我第一次接觸到台灣人。她們一個叫玉蘭，一個叫美玲，都是我在巴黎上學時的同學。我們相處得非常融洽，記憶裡，她們都性情溫和，鮮少提到政治，並不是一提到「台灣」、「大陸」等字眼就「劍拔弩張」。

後來我在加拿大，平時課業很緊張，課餘時間我們這些留學生也沒太多地方可去消遣，便常去學校附近的Shopping Mall，二〇〇〇年前後，那裡就有台灣人開的珍珠奶茶店了。那入口的甜膩滋味像極了我當時對台灣女孩的印象——那時的台灣女孩就已經很會打扮了，通常都乾乾淨淨的，說話聲音很柔，相處起來感覺很舒服。

二〇〇一年，我老婆主演的《流星花園》正在熱播，加拿大的留學生也有看的，可見那部劇當時影響之廣。我在加拿大和一個室友合租一套兩室一廳的房子，室友的女朋友特別愛看，她過來時常常拿盤《流星花園》的DVD在客廳看，我偶爾瞥幾眼，但看得不仔細。這事說來也有趣，我和我老婆認識那時候，我連《流星花園》都沒完整看完過，就這樣和她在一起了。

另有一個趣事，那時我室友的女朋友還很喜歡看台灣綜藝，尤其愛看《康熙來了》。一次，她問我：「小菲，大小S你喜歡哪個？」

我回答說：「我不太了解啊。」

她不放棄，又說：「你就現在看看，要你選你選哪個？」

我答曰：「大S，大S看著溫柔一點。」

後來，我室友的女朋友還把這件事學給我老婆聽，把我老婆逗得笑個不停。誰能想到當時的一句話後來就成真了呢？

只因那1%

我在加拿大留學時，同學有很多是來自台灣的，我和他們中的很多人都成了朋友。後來初次到台灣的經歷前面已經寫過，那時我在台灣感受到的也都是一片祥和，特別溫馨。

後來，我娶了我老婆，又有了一兒一女，我與台灣的聯繫就更加緊密了。台灣成了我的「第二個家」，我也因此更加能體會到一些曾經在上一輩人心中深藏的情感，那是一些剪不斷、理還亂的牽掛。

有時我因工作隻身一人回北京，和家人分別的那一刻，我心裡總是充滿難過與不捨。可能嘴上只是一句：「我去北京了啊。」心裡卻波濤洶湧。過去我關心台灣局勢，可能只是出於一種正義感，但如今，我的關注背後還增添了許多私人的因素。正是這種私人因素，讓我覺得更接近台灣問題的內核，因為這個時候我並未站在任何高度，僅僅是做為一個普通老百姓去看、去聽、去感受的。

如果有一天，我像往常一樣去北京工作，結果一去就回不來了，從此和妻兒半生都無法相見，甚至連音信都無從尋覓，等我再見到我的兩個孩子時，他們可能都不認識我了，如果真的發生這樣的事，那該多麼可怕啊，我連想想都覺得接受不了。可是這樣的事當年卻真真切切地發生在許多人身上。

轉眼間，我斷斷續續在台灣已經生活了近八年了，這八年間，我又在這裡與許多優秀又善良的人相遇，結識了許多台灣朋友。這裡的朋友曾經無數次幫助過我，我也對他們無比感恩。這裡有非常好的人文環境，老百姓也都很淳樸。所以我的心情是矛盾的，八年了，我對台灣的了解比初來時更深了，我感受到，或許這裡並不像表面看上去那樣平和，在看似平和的外表下，這裡一直在暗地裡上演著風起雲湧。這裡時常會發生一些令我瞠目結舌的奇聞，可能始作俑者只占台灣的1%，而支持這1%的也只有少數人，但卻足以攪動得人心神不寧，每天惶惶不安。

就說說和老百姓息息相關的經濟吧，台灣曾經是「亞洲四小龍」之一，在台北，有著讓全台灣人驕傲的一〇一大樓，當年的台灣經濟確實很好，以至於有些人的心境還一直停留在當年。因為對大陸這幾年的發展情況不了解，有人至今還認為台灣經濟要遠遠領先於大陸，但那些曾經來過大陸親眼看過的人都能發現，這些年大陸經濟飛速發展，反而是台灣這些年經濟發展緩慢，很多地方已經不如大陸了。

自從大陸到台灣的自由行開放後，很多大陸人都樂於去台灣看一看，這也毫無意外地帶動了台灣的旅遊業。二〇一二年後，由於大陸到台灣旅遊的人數增多，台灣的經濟有所回暖，這是有目共睹的。原本已經呈現蕭條之勢的忠孝東路，曾經一度恢復生機。可就在二〇一六年，一輛大陸遊客乘坐的觀光遊覽車在桃園起火，車上二十四名遊客無一生還。對此，新政府當局在遇難者的頭七公祭上沒有做出任何表示，反而對縱火的大巴車司機表示哀悼。這一舉動深深傷了大陸遊客的心。那之後，還接二連三地出了幾次事故，大陸到台灣旅遊的人數銳減。聽說大巴車閒置，每日的停車費都很貴，台灣旅遊業大受影響。

我以為，如果是真心實意地為老百姓考慮，首當其衝應當在經濟方面下功夫，真正改善老百姓的生活，不應該為了一己私利，把精力都投放到那些沒有意義，甚至損害老百姓利益的事情上去。

其實在我看來，大部分台灣老百姓都是很善良的，他們善良、勤奮、堅韌，我身邊的每一個台灣朋友都是如此。有很多次，我去一些小店吃飯，老闆、老闆娘見了我，都會熱情地打招呼，說：「小菲，『台灣女婿』來啦！」他們甚至還會給我碗裡多加塊肉，多盛點菜，那種溫暖是我始終能感受到的。

當我和妻兒在台灣家中的窗前眺望夜景的時候，晚風拂面，星月舒朗，台灣的那種溫馨、美好的氛圍又回到了我身邊，我多希望這種氛圍能夠持久，多希望自己不再提心吊膽，不再擔心有一天會發生什麼意外，以致我和妻兒分別後再難相見。

這些天，我又重溫了一首老歌，是「動力火車」的〈忠孝東路走九遍〉。我覺得這首歌唱出了一種迷茫，而這迷茫正如同此時的台灣本身。儘管歌詞中唱到「我多想跳上車子離開傷心的台北」，但其實整首歌仍舊滲透著對忠孝東路的一種依戀，對台北的一種熱愛。這也是目前我的很多台灣朋友的心境，由於經濟狀況不好，他們一次次燃起希望，又一次次失望，到現在有些心灰意冷，有的甚至已經轉到大陸發展。但在他們內心深處，其實一直對台灣懷著期待。愛之深，責之切，希望台灣越來越好，是我們共同的願望。

因此，很多事其實不必多言，是非對錯都會有相應的現實結果詮釋，可是有時這個結果需要幾年甚至幾十年才會浮現，有些行為帶給台灣的影響是漸進式的、逐步深化的。在這個過程中，真正受影響的，不還是普通老百姓嗎？

從「道地」到「精緻」

最初來到台灣，我對這裡的餐飲市場進行了初步了解，但並沒有馬上在這裡開餐飲店。畢竟這裡離北京較遠，我對這裡老百姓的口味也還不甚了解，雖然有心日後在這裡開店，但當時我打算先觀察一陣，這件事就一直放在心上，沒有付諸實踐。

我決定在這裡開店，是在和我老婆結婚之後。當時我能待在台灣的時間變多了，家人也都很喜歡美食，我才覺得時機差不多成熟了，便選了一個心儀的位置，一邊著手店鋪裝修，一邊從四川找來幾位專業的川菜廚師——他們都有數十年做川菜的經驗，做得一手地道的川菜——帶著引以為豪的經典口味，我滿懷希望地在台灣開辦了第一家道地川菜館。

店鋪剛開業時備受矚目，客流量很大，尤其是一些四川老鄉，對我們的口味高度讚賞。最讓我印象深刻的，是一個來自四川的老兵，他嘗了一口我們的菜後竟然落淚了，說這就是他家鄉的味道，說別的地方都做不出這個味道來。

獲得這樣的讚賞，我感動極了，堅定了自己在台灣繼續把店開下去的信心。可是，好景不常，開業的熱潮剛過，店舖就遇到此前沒有想到的難題——水土不服。

開業不久，我忽然接到一個顧客投訴，說我們的水煮魚裡放了太多油。我過去一看，沒看出什麼問題，廚師做的水煮魚和我記憶中水煮魚的樣子沒什麼差別，可是那位顧客就是覺得油放這麼多根本沒法吃。廚師也有些委屈，爭辯說自己就是按照最傳統最經典的方式做的，全中國都找不到比這個更道地的水煮魚了。

這並不是個例，有越來越多的顧客投訴說這麼多油的菜根本沒法吃，一看到滿盆的紅油與紅油上飄著的那層辣椒，就覺得根本無從下筷。

除此之外，也有很多顧客抱怨菜的口味太辣，接受不了。

台灣大部分川菜其實都是經過改良過的，和當地的口味有所融合，不僅不麻不辣，也清淡少油。傳統川菜水煮魚的做法在這裡屬前所未有。其實最早我來台灣調查時就了解過這種情況，但那時，我的想法是將真正經典地道的川菜口味帶入台灣，我相信如果味道足夠好，就能夠被認可，因此我堅持了自己的定位，實際看來，我可能錯了。

還有一點，台灣人和許多大陸南方地區一樣，都喜歡小份菜，尤其加上受日本文化影響，他們的審美傾向偏於「小而美」，如川菜那樣粗獷潑辣的風格，當地人不太適應。

菜品的口味、分量的多少還方便調整，我犯的最重要的一個錯誤，便是預估錯了店舖的面積。大陸的餐飲店店舖面積通常都很大，一家店一千平方米很正常，但如上面所說，台灣人大多喜歡「小而美」，台灣的店舖也大多面積不大，一千平方米的店舖開在台灣，不僅顯得突兀，水電租金等成本也很高。台灣的這家川菜館的客流雖然不少，但遠遠不及大陸的情況，雖談不上虧損，但也幾乎沒什麼利潤，漸漸變得有種「雞肋」的感覺。

我開始籌措改良，店大難以轉身，我的選擇是轉而開了一家川菜小館，調了一部分廚師在小館裡幹。我將這家菜館裝修得十分精美，風格有些像日式的居酒屋，每道菜量都很少，一小碟一小碟的，立即受到了歡迎，這家精緻川菜小館至今還開著，生意興隆。

在台灣開店的這次經歷讓我感觸頗深，經營講求「天時地利人和」，而這六個字不僅僅都是運氣，還包含著對不同地域、不同人的習慣的思考以及靈活實踐。我在台灣開店前雖然自認為已經充分地了解了這裡的市場環境，但其實我仍舊下意識地把在大陸的那些思維搬到了台灣，我只看到台灣的客流量，同時又在很長一段時間裡對「正宗川菜口味」有著強烈的堅持，但忽略了一件最重要的東西，就是對顧客的想法感受與飲食習慣的洞察和接納。

我所堅持的「正宗川菜口味」最主要的受眾群體就是當年來台灣的那些四川老兵，他們中的有些人其實也曾經在台灣開過川菜館，但他們大多年事已高，那些川菜館也關了不少。這些老兵的後輩所接受的其實已經是根據當地人口味調整改良過的川菜了，因而「正宗川菜口味」在當地實際是小眾的，而我一開始則因為對此十分堅持，對受眾群體的估計也有些過大。如果最初我就開一家二、三百平方米的店鋪，並接受當地人對川菜的口味要求，或許情況會比實際好很多。

其實，開店不僅僅要考慮顧客的想法，也要考慮員工的思維習慣和自己的主張是否契合。後

（上圖）圖為《幸福三重奏》劇照。
（下圖）既然做了台灣女婿，就要開啟「雙城生活」。

來我在台灣開S Hotel，所招的員工大部分都是台灣本地人，我又迎來了一次因理念、習慣的衝突促生的挑戰。所幸，每一次挑戰之後，我都收穫了許多寶貴的經驗。

新的開端——S Hotel

我沒想到Starck會說這樣一段話，我感動得不能自已。對我來說，他就像是一個導師，不只是在藝術層面，還在精神層面。與他合作的整個過程，我幾乎無時無刻不在學習，從他的言行、思想、提出的每一個建議當中，我獲得了此生難得的珍貴養分。

時機成熟了

迄今為止，我的事業大致可以分為三個階段。第一階段從二〇〇四年開始，我留學歸來後，不久便開始著手籌建「蘭會所」，而後，我一邊經營管理「蘭會所」一邊積累工作經驗。「蘭會所」成為奧運會期間接待外賓的指定場所，我的事業第一次攀上了高峰。

奧運會後到二〇一五年，我一邊繼續經營「蘭會所」，一邊對自己個人的事業發展進行了諸多探索。二〇一五年，我兒子出生，為了能多陪陪家人，我開始在台灣尋求事業發展的機會。因一次機緣巧合，在台灣創辦S Hotel的想法在我腦海中醞釀成形，不久後，它應運而生。

起初，我在事業上大多是協助母親的工作，藉由實踐積累經驗。在這個過程中，我不僅比較全面地了解了母親的經營方式和理念，也藉由「俏江南」這個大平台開闊了眼界，獲得了難得而寶貴的經驗。彼時「蘭會所」也正值繁榮之際，我趕上了好時候。那年我二十五、六歲，就品嘗到了事業成功的甜頭，結識了Philippe Starck，接觸了諸多各界名流，我把滿腔的雄心壯志都投注在自己的事業上，充滿激情，信心滿滿，自覺前途一片大好。

二〇〇九年，金融危機席捲亞洲，為了適應奧運會後飛速變化的市場，各行各業都必須積極地調整、變革，我也從之前的熱情高漲漸漸回歸冷靜，開始反思，無論是對自己的生活還是對過往的事業，我都時常回顧、思考。在這個階段，我也開始在各個領域探索自己創業的可能。

我在法國曾學過酒店管理，創辦一家酒店一直是我的夢想。經過長達六年多的探索，我對事業的願景逐漸變得清晰，經營理念愈發明確，在工作方法上，我也漸漸找到了適合自己的路子。我感受到，曾經模糊的夢想開始有了照進現實的可能，我已經有自信向前邁進一步，真正創立自己的事業了。

Philippe Starck其人

S Hotel所在的大樓是台灣龍巖集團旗下資產。大樓地理位置優越，位於敦化北路，毗鄰台北小巨蛋，人流密集。幾年前台灣旅遊業高漲時，這塊地價極為昂貴，甚至連租賃的機會都沒有。這幾年經濟遇冷，許多原本炙手可熱的項目都變得無人問津，於是紛紛開放，我才因此有了著手租房的可能。

我向龍巖集團的相關負責人介紹了自己想開酒店的創想，但因台灣旅遊業的發展勢頭不甚樂觀，他們對這個項目信心不足。

那棟大樓原本是辦公大樓，可有很多樓層其實都是空的，我抓住這一點，積極地遊說負責人：「你們現在做辦公大樓，分著租給別人也是租，今天這個來明天那個走，不如租給我，我一租就租二十年，一次性簽訂合約，房租都好說，你們也省心。」

聞此，對方有些動心，但想到二十年後房產都快到期了，又有些猶豫。

我進一步說：「我會找世界最頂級的設計師Philippe Starck設計這家酒店，它將是台灣第一家Philippe Starck設計的酒店，它會是獨一無二的！」

但對方搖搖頭，露出不置可否的神情。

上世紀七〇年代，Philippe Starck在台灣已聲名顯赫，許多人是他的狂熱粉絲。台灣有許多自稱「Philippe Starck設計」的酒店，其實只是購買了一些他的家具，而後便如此對外宣稱。雖有些荒唐，但由此可見台灣人對Philippe Starck的認可。

這樣一位鼎鼎大名的設計師能屈尊為我設計？台灣將有Philippe Starck親自設計的酒店？當時，每個人都覺得這是天方夜譚。

他們並不知道我與Philippe Starck早就因蘭會所結緣，就算知道，也認為當初他是衝著我母親的面子，如果換成我，一個創業的年輕人，Starck必然不會理會。

但他們有所不知，Philippe Starck其人極有個性，儘管在設計界擁有絕對威望，但在對合作者及合作項目的選擇上，他卻不會將優厚的外部條件做為主要考量。大企業大公司、名流望族請他設計，倘若項目缺乏吸引力，他也一口拒絕；反而曾經有幾個二十出頭的法國青年——他們有一個創想，希望開發一種「尋物芯片」——Philippe Starck竟對他們的項目興趣盎然。只要將芯片安在某樣物品上，或是掛在某隻小猫、小狗的身上，當這樣物品找不到，或是寵物走失時，只需用手機APP就可以和芯片連結，失物就能輕鬆找回。芯片精確的範圍可達厘米。而Philippe Starck竟然答應幫這樣一群剛畢業的創業青年設計承載芯片的外殼！

當時，幾個年輕人抱著萬分之一的僥倖心理，給Philippe Starck發了一封E-mail，並在E-mail裡闡述了他們的想法。沒想到竟然得到了Philippe Starck的回信。在那之後，一個個精巧的小物件就誕生了。有針對鐵製品的小磁鐵，也有能掛在小動物脖子上的項鍊，Philippe Starck根據要尋找的對象不同，設計出各色各樣不同的小物件，極富創意和情趣。

Philippe Starck看似隨性，但其實有自己明確的原則。他曾說，自己非常願意去幫助那些有夢想的年輕人，助他們一臂之力。這些年，我與Philippe Starck常保持聯繫，我有信心，自己的想法能夠打動他。

我片刻不停，和龍巖大廈的人談完後，迅速與Philippe Starck郵件溝通，隨即訂了機票，飛往法國。

抵達巴黎次日，我見到了Philippe Starck，向他講述了我的想法。

我對Starck說：「這家酒店和蘭會所不一樣，這些年，奢華富麗、元素紛繁已經不是時尚的主流，現在，設計更講求精緻簡潔，講求能用手觸摸得到、感受得到的質感。」

面對這樣一位享譽世界盛名的大師，我斗著膽子表達了自己對時尚、對設計的見解，我表面裝作充滿自信，內心其實是忐忑的，我何德何能，竟敢在大師面前大談主張？

Philippe Starck全程歪著頭，認真地聆聽，直到我都陳述完了，他還陷在沉思中。

忽然，他像是回過神來似的，笑著對我說：「小菲，你說得太對了！這些正是我想的！現在的設計就是這樣的！」

我長出了一口氣，總算沒有貽笑大方。而且我知道，如果我的想法能夠獲得Starck的認可，請他出山就有了七成把握。

我趁勢說：「Starck，你什麼時候有時間來台北看看吧！」

Starck的妻子早年在台北上過學，她對台灣頗有情結，聽我建議，立即高興地響應：「好啊，我們去吧！」

就這樣，不久後，Philippe Starck夫婦來到了台北。

白天，我陪著Starck和他的妻子參觀了龍巖大樓，而後便見了龍巖集團的相關負責人。他們見到Philippe Starck本人，目瞪口呆。我知道，這完全不符合他們的預期，我不僅把Philippe Starck請來了，而且還請得這麼快。

龍巖集團也因此燃起了信心，決定將大樓租給我。

當晚，我請Philippe Starck在我開的那家四川小館吃飯——他比較偏愛這種幽靜溫馨的地方。餐後，Starck彷彿有些疲憊，說要早些回酒店休息。誰承想，第二天一大早，他就打電話約我見面，說平面圖他已經畫好了。

當年設計蘭會所，Starck也是如此風格，來場地看了一圈，一夜過去，平面圖已經完整呈現。說是回去休息，原來他一夜未眠。我又是感動，又是嘆服。世上有幾人能在一夜之間完成這樣的傑作？Philippe Starck不愧是天才！

除了實力，最讓我感動的是他對我的信任。我們還沒簽合約，我還一分未付，在這種情況下他竟然就將設計稿給我，又有幾個設計師有這樣的胸襟？

他考慮得很多，還希望能幫我節約一些時間，我拿到平面圖後可以先著手規劃，他再同時慢慢細化圖紙的細節。

我與龍巖集團談的大樓的免租期是八個月，我應在這八個月將所有工程、事務辦妥，時間非常緊迫。可那時，我和龍巖集團還沒簽合約，合約還在磨細節，若真的等合約簽下來，我再開始著手大樓的裝修，必然已經過了免租期。所以Philippe Starck此舉其實是對我的雙重信任，他相信我即使最終沒和龍巖大廈談成，也會認真履行我們的約定。

我這方面其實也面臨一個抉擇，是先和Philippe Starck簽合約還是等和龍巖集團的合約確定後再說？我沒考慮多久，就決定先與Philippe Starck簽約，且不說即使日後我與龍巖集團無緣合作，一紙Philippe Starck的設計圖在手，我可以另尋他處開工。就算開不了工，有生之年能擁有一幅Philippe Starck的酒店設計圖，我也覺得值得，就憑他對我的這種信任，我也必須回饋。

Philippe Starck回國一週後，便將合約寄來，我不假思索簽了字，並很快支付了設計費。

開工破土

二〇一六年三月十一日早上，我拿到了龍巖大廈的鑰匙，當天下午工人就位，開工破土，酒店的裝修建設工作正式開始。

一些其他開酒店的朋友聽說我要開酒店，便誠心誠意地勸我不要做，他直言做酒店太費勁了，一拖就可能拖上數年，光房租就夠你受的。

但我卻堅信自己有能力在一年內讓酒店開業。我在「蘭會所」經歷過多次店面裝修，對整個過程瞭如指掌。這家新酒店的裝修，我許給自己的期限是八個月。當時，我抱著不成功便成仁的決心，誓要拚一把。

我為什麼一定要在台灣開這家酒店呢？原因簡單來說有三點：

第一，開酒店是我一直以來的夢想，建設S Hotel的過程，對我來說就像「築夢」。人生苦短，我今年已經三十五歲，不願再等。

第二，這家酒店以我老婆的名字命名，它寄託了我對老婆、對我們這個家的情感。

第三，這將是第一家大陸人在台灣開設的酒店，我希望給大陸赴台的遊客一個安心、溫馨的停靠地。

還有第四點，就是商業理由，這一點，說來略微複雜。

有人是這麼勸我的：「小菲，現在大家都往大陸跑，你來台灣開酒店，天時地利人和一樣兒都不占，何苦？」

7-11連鎖便利店的創始人鈴木敏文在講述他的創業歷史時曾說，他最初決定要在日本開便利店時，幾乎遭到了專業與非專業人士的一致反對，因為當時日本大型商超正在崛起，小型零售業正屬衰頹階段，在那時開便利店無異於逆勢而行。可是鈴木敏文卻相信日本的消費者對「便利」存在需求，而只要存在需求，就一定會有市場。最終結果驗證了鈴木敏文的判斷，7-11自開業後一直受到日本老百姓的歡迎，無論白天夜晚，客人都絡繹不絕，7-11品牌創造了日本零售界的奇蹟。

我決定在台灣開酒店的商業原因，是因為我堅信赴台旅遊的遊客們對這樣一家酒店有需求。這兩年大陸遊客銳減，使得台灣旅遊業進入頹勢，但不能說明大陸遊客對赴台旅遊的需求已經沒有了。大陸赴台的旅行團少了，但還是有不少人選擇了自由行。獨特的人文氣息造就了台灣極佳的旅遊環境，我認為這裡的旅遊業潛力是巨大的。因而，即使眼前不濟，未來也依舊有發展的可能。

另外，就在這個相對低谷的時刻，無論是房租價格還是建設經費，投入都要比高峰時低。若不是有這樣一個低潮期，我可能還沒有機會開辦S Hotel。

再者，正因是低谷，當大陸遊客來到台灣時，自然想尋求最能讓他安心、放心的酒店。退一萬步說，就算我失敗了，我也為夢想努力過，我不會後悔。

於是，我決定不考慮那些質疑、反對的聲音，一路向前。

第一家大陸人在台灣開的酒店

裝修過程十分順利，整個過程也一直得到Philippe Starck的密切關注。他要求我為酒店的每一處細節提供照片，他會一一認真檢視，並給予意見指導。他不會放過任何一個角落，總是及時提出微調意見，保證整體風格的一致性。

酒店開業幾個月後，花園還沒徹底完工，他還一直向我要花園的照片。一次，我自作主張地在花園裡掛了盞燈，依我的審美是不錯的，但Starck看了後幾乎要和我翻臉：

「誰讓你把蘭會所的燈掛這裡來了？」

Starck如此盡心，我也在最大程度上尊重他的設計，他的平面設計圖我絲毫未改，大堂、餐廳、客房的陳設布局完全按照圖紙上執行。

裝修的過程十分順利，除了開業前三天，台北下了一場傾盆暴雨，把我的餐廳淹了，需要臨時搶修外，幾乎是一氣呵成。審核流程，一開始也十分順利，我喜不自禁，但同時懷疑是不是有點太順利了？

一開始，當我宣布要在台灣開酒店這個消息時，媒體還對此事進行了報導，稱「汪小菲的幾億資金已經獲准入台」。

大陸人在台灣經商，其實受到諸多限制。比如酒店行業這塊，大陸人只能投資經營「觀光級」酒店，即大型豪華酒店，而這一級別的酒店在審批許可方面又格外嚴苛。我不希望借助老婆或她的家人的台灣身分，來繞過這個環節，儘管這樣可以省去許多流程，但我擔心日後持續經營時，會給他們添麻煩，因此堅持用自己的名字註冊了公司。也因此，S Hotel是貨真價實的第一家大陸人直接在台灣投資開設的酒店。

龍巖大廈是棟老樓，我不僅進行了內部裝修，也將大樓的外立面做了翻修。而這個操作需要申請建務變更。在我獲得「觀光級」酒店經營許可之前，首先要走完建務變更的流程。

一開始建務變更很順利地通過了，我按部就班地繼續裝修，眼看勝利在望，突然，工程被一個叫「台灣建築師工會」的民間組織叫停了。

原來他們提出疑議，稱大樓存在安全隱患。誰想到，政府竟然聽取了他們的意見，收回了原本通過的建務變更申請，要求我按照「台灣建築師工會」的意見調整後再重新申請。

依照流程，我不通過建務變更申請，就沒法申請「觀光級酒店」審批，不通過審批就沒有營業執照，進而無法開業。我的免租期只有八個月，算上裝修、審批流程的時間，原本就滿打滿算，可現在竟在這個關卡被絆住。我大呼不妙，因為我預感到自己即將進入一場漫長的拉鋸戰。

原本我就很注意大樓的安全問題，因台北多地震，我特意多加設了幾根柱子，在消防問題上也是尤為注意。然而「台灣建築師工會」仍舊提出有安全隱患，既然如此，我就尊重他們的意見，依他們的意思修改。修改意見返回後，許久都不見回覆，大約兩週後，他們又提了一個新意見。我再次依照他們的意見修改了，又等了他們兩週，他們才又回覆，這一次又出現了新問題，彷彿這問題永遠提不完。沒辦法，我決定，親自去溝通。

待到對方終於說沒問題時，已是春節前。三月開工，我不到十一月就完成了裝修，結果又整整拖了小半年，我才拿到了營業執照。

建務變更流程走完，裝修終於告一段落後，我邀請了一些朋友來試住。當時我只開放了幾個房間，並沒有對外營業。可誰承想，此時又被一些有心人盯上。一夜之間，網路、報紙上充斥著「汪小菲無照經營」、「汪小菲坑騙台灣老百姓，來台灣賺黑心錢」等新聞。這麼多年，我早已熟悉這些小道消息的風格，本想一笑置之，誰料，有關部門人員真的受到流言的影響，勒令我關店。好不容易，開業的曙光就在前面，我又不得不停下腳步。

之前有很多朋友都給我打過預防針，告訴我酒店順利開業沒那麼容易，我本也作過心理準備，但我真沒想到會這樣困難重重，少幾個試住的朋友不會對我的經濟造成什麼損失，但對S Hotel的名聲卻造成了不小的傷害。

實際上春節後我拿到營業執照後，依舊採取的是「試營業」模式，因為我很清楚自己的酒店剛開業，還有很多地方需要調整。我若真的那麼心急火燎地想「賺黑心錢」，還需要等什麼建築師工會的意見反饋嗎？還會用自己的名字註冊S Hotel嗎？

盛大開業那天

二〇一七年六月十三日，S Hotel盛大開業。

我前前後後忙碌了一年，總算等到了盼望已久的這天。酒店幾乎完全複製了Philippe Starck的設計，沒有改動分毫，而這位才華橫溢又極為負責的大師直到開業前的最後一刻，還對一些細節進行檢視，並提出建議。

開業當天，大陸各個陸企的商務代表，包括工農建交行、國航等大型企業的代表都來了，新華社等大陸媒體也來了。除了Philippe Starck，我還請到了幾位台灣頂級的設計師：姚仁喜、陳瑞建、季裕棠……個個都是台灣設計界首屈一指的人物。我的好友偉忠哥、陶喆、王力宏他們也都來為我捧場。

曾經有很多人認為這家酒店開不起來，籌備過程中，我也的確經歷了重重阻礙，曾有人咒罵，有人冷嘲熱諷，但那天，現場一片歡騰，開業的喜悅衝散了曾經所有的委屈與辛苦，Philippe Starck的傑作在媒體的閃光燈下綻放出奪目的魅力，我由衷地感到振奮、驕傲！

剪綵、拍照、採訪，一切都順利進行。

那天，讓我畢生難忘的，是Philippe Starck面對媒體時說了這樣一段話：「我在小菲身上看到了自己四十多年前的影子。彼時我還很年輕，渴望去做一些自己喜歡的、不同尋常的事，我渴望成

（上圖）著名 Philippe Starck（上圖右一）說，他在我身上看到自己當年的影子。
對於年輕人，遇到這樣一位甘做鋪路石的前輩，總是榮幸之至。
（下圖）S Hotel 不定期邀請世界米其林主廚至餐廳舉辦客座主廚活動。

功，渴望施展自己的才能，心中充滿激情，但總覺得一個人單打獨鬥很辛苦，常希望身邊能有人幫我一把。我從小菲身上看到了一個年輕人在事業上的創意和追求，我非常欣賞他，所以我希望能通過自己的能力支持他。」

許多媒體聽聞後驚嘆不已，原來汪小菲這個人如此受Philippe Starck賞識！我知道，其實這正是Starck對我的支持，他知道我的處境不易，也知道自己一番話在媒體心目中的分量，他特意那麼說，是想幫我提氣。

對我來說，他就像是一個導師，不只是在藝術層面，還在精神層面。與他合作的整個過程，我幾乎無時無刻不在學習，從他的言行、思想、提出的每一個建議當中，我獲得了此生難得的珍貴養分。

我要謝謝他，衷心地。如果不是他一直不遺餘力地支持我，我不會這麼有信心，有勇氣堅持到現在。每次面臨困境，只要想到Philippe Starck的支持，我就覺得一切都值得的。

感恩之心，已經難以用語言盡述，我會盡自己全力經營S Hotel，用以回饋所有幫助過我的朋友。

一路向前

先專注把眼前這家店做到最好，等到時機成熟，開第二家、第三家店都是水到渠成、自然而然的事。

飛速變化的時代，必須獨立思考

我從二〇〇四年開始接觸商業經營管理，迄今已經十三年了，不敢說有什麼「經營心得」，只有一些實踐過程中的零碎感悟，想藉由這一章與大家分享。

我母親白手起家，創立「俏江南」。她一路引領「俏江南」成為一個大型連鎖餐飲品牌。母親創業之初，是跟隨改革開放的時代大潮，出國、下海創業，一個年輕女性，獨自扛起家庭的重擔，艱苦打拚。她經歷過「非典」時期餐飲業的困境，經歷過奧運會的盛大場面，也經歷過經濟危機中的探索與突破。她大半生的奮鬥，庇護的是我，庇護的是我們整個家庭。

做為兒子，我親眼見證我母親的成功，也從她的言傳身教中汲取了大量營養，母親的勤奮、頑強，她對我的「不言之教」，是我成長中的珍貴財富。

我在法國留學時學過不少經營管理的理論，這些理論有很多有助於我後來的實際工作，但也有很多與國內國情不相符，如果一味地照搬，很容易出現問題。

我母親曾經高價從國際知名諮詢公司聘請過一位CEO，這位CEO能力很強，但她在「俏江南」工作的短短數月，她的理念與「俏江南」企業文化之間產生了衝突，她的工作方式與「俏江南」員工習慣也難以協調。最終，這次「空降」的嘗試以失敗告終，我因此也領悟了不少東西。

這位CEO在國際諮詢公司工作多年，非常善於利用報表、數據等工具進行各種各樣的分析，她來之後便時常坐在辦公室看報表、召集高管開會，試圖向員工們傳遞她的經營思想。然而，這樣的工作方式卻引發了員工們的牴觸，因為餐飲這一行很特殊，它太接地氣了，有很多事你必須站在第一線，親眼去看、去體悟，光坐在辦公室裡是無法了解實際情況的。

這位CEO畢竟初次涉足餐飲行業，她的一些認知看法和當時「俏江南」的客觀現實有偏差。另外，由於這位CEO時常研究數據、報表，她對成本十分敏感。僅憑數據顯示，「俏江南」一直供應的陽澄湖大閘蟹成本很高，她則希望能更換成黑龍江大閘蟹。數位跟隨母親工作多年的高管們急了，他們紛紛向母親反應，說食材品質是「俏江南」的品牌基石，怎麼能這樣隨便地調整？

如果只從數據上看，陽澄湖大閘蟹的成本的確很高，可是很多來「俏江南」的顧客正是為陽澄湖大閘蟹而來。常客們對菜單都很了解，如果輕易更換菜品，一定會引發他們的質疑。黑龍江大閘蟹便宜是便宜，但顧客並不會買帳。

時代飛速地變化，沒有一種經營理念、規則、方法是一成不變的，沒有任何一張報表、一個理論、一條金科玉律能套用到所有情況中，解決自己在經營中面臨的所有問題，所以需要隨時隨刻根據實際情況進行分析。我們要不斷反思、總結，跟隨時代的變化調整自身。

「俏江南」是做什麼的？

母親無奈送走了那位CEO，自己重新親自上陣管理「俏江南」。

那段時間，母親去「俏江南」幾家分店巡店，無意間發現那幾家分店存在一個問題——店內近半年的主要銷售都是粵菜，尤以海鮮賣得最好，顧客點菜時，店員也會熱情地向他們推薦粵菜。母親問到「俏江南」品牌主導的川菜銷售情況時，分店的店長面有難色，不知該如何回答。母親細細考察，發現那幾家分店的粵菜銷售額已經占了店裡總銷售額的大半。

那幾家分店的店長道出原因，原來粵菜的平均價格比川菜貴，川菜賣不上價。近半年來店裡主賣粵菜，營收情況很好，利潤持續上漲，在全國的「俏江南」店中都屬名列前茅的。說到這裡，那幾家分店的店長露出自豪的神情。

母親一聽，卻覺得不對。「俏江南」品牌創立的初衷與定位是做精品川菜，而不是粵菜啊！這樣一來，不是本末倒置了嗎？一家企業，重要的不僅僅是眼前的營收，還有它的品牌價值與核心定位，後者關乎企業的長久發展。如果連自己賣的是什麼都不清楚，品牌怎麼推廣？能走遠嗎？

雖然這種現象當時只是出現在為數不多的幾家分店裡，但母親覺得這個問題很嚴重，必須加以重視。可那幾家分店的營收確實一直在上漲，要怎樣說服店長，怎樣讓員工明白，母親有點煩惱。

彼時，我剛好在讀一本書，是星巴克創始人舒爾茨的《一路向前》。書中寫道，舒爾茨二〇〇〇年卸任CEO，不再涉足公司的日常營運，他的職位由原來的常務總經理兼首席財務官接替。這樣的人事更替，在很多企業都很常見，因為財務官對公司的成本、採購、銷售等各種數據都瞭如指掌，有能力把控營收。其後幾年，隨著「星巴克」門店持續擴張，五年間，星巴克的門店總數就增加到原來的三倍。而當這一任CEO卸任時，星巴克的資本市場總值和股票市值已經從七十二億美元飆升到兩百億美元——這樣的數字，很難不讓所有人相信星巴克正在一條成功的道路上飛奔，沒有人懷疑當時的「追求擴張，追求業績不斷增長」的方針，大家都對未來信心十足——有些十足過了頭。

企業能否穩健、長久發展，不僅僅取決於營收這一個指標，更要看核心產品的品質和發展狀況。就在大家的自信心愈發膨脹時，下一任CEO上任了，他延續了「追求增長」的方針。當時，星巴克每年都要在保證年收益率的基礎上產生至少百分之二十的利潤增長，業務也在不斷擴大，不僅開始賣三明治，還開始賣CD，甚至還涉足了出版、電影領域，儘管星巴克在這些領域都做得不錯，但問題已經開始一點點浮現了。二〇〇六年，顧客到星巴克的消費額開始減少，而到了二〇〇七年，「星巴克」的快速發展似乎出現了「停滯」的端倪，甚至開始走下坡路。那一年，星巴克的股價跌了百分之四十二。

一日早上，舒爾茨路過一家西雅圖的星巴克，走進店中，撲面而來的不是咖啡的香味，而是燒焦的奶酪的味道。店裡的顧客零星稀少，幾乎沒人排隊。他真切地目睹了星巴克門店的現狀：店裡的主打產品是三明治、烤麵包，甚至還有CD唱片。店長自豪地告訴舒爾茨，依靠吐司和三明治的銷售，店內營收和人均消費都有所增長。

舒爾茨很清楚三明治、烤麵包對於星巴克的商業意義——它們確實有市場，甚至已經積累了一批粉絲，星巴克專門引入了烤箱為顧客加熱三明治。可是三明治越受歡迎，原本應該集中精力調配咖啡的咖啡師們就要不斷地用烤箱去加熱三明治，這樣店裡原本的咖啡香氣就會被麵包、奶酪、香腸的味道所取代，咖啡師們的精力也會被分散。

舒爾茨認為，三明治在星巴克大行其道會逐漸讓公司偏離核心業務，必須馬上加以糾正，於是，舒爾茨直截了當地要求當時星巴克的全球產品部門負責人立即取消星巴克的三明治供應。

結果，當時的星巴克CEO站在職業經理人的角度，告訴舒爾茨星巴克不能取消三明治，因為三明治很受歡迎，如果取消三明治，一定會降低星巴克的產品銷量，利潤會大幅度降低。

一時間，舒爾茨和當時的星巴克CEO陷入矛盾僵持，CEO採取了許多辦法，希望能改善店內彌漫著三明治氣味的情況，如更換烤箱，改進三明治包裝紙等，但都於事無補。

舒爾茨最初的夢想是做「全世界最好喝的咖啡」，而現在星巴克卻變成了麵包房，營收雖然暫時上升了，可是久而久之，「星巴克」這個品牌將會被淹沒在更迭迅速的商業潮流中。

到了二〇〇七年秋季，儘管當時的星巴克CEO不斷努力改善局面，但一直沒有給星巴克帶來實質的改變。舒爾茨認為，自己有必要重新回到公司，出任星巴克的首席執行官，雖然這必然會傷及原有CEO的自尊心，但舒爾茨認為，他不能眼睜睜地看著自己一手打造的星巴克就這樣慢慢走向沒落——儘管那一年星巴克總體的營收又一次增長，很多人並沒有看到星巴克衰敗的勢頭。

二〇〇八年初，舒爾茨重新回到星巴克，重新出任公司的CEO。

二〇〇八年二月的某個週二，下午五點半，全美七千一百家「星巴克」統一停業，禮貌地請出店內的客人，然後所有咖啡師通過DVD播放器上播出的一段影片，接受統一培訓，學習如何精確調製一杯完美的Espresso。

Espresso素稱「咖啡之魂」，是最能代表一家咖啡店實力的，所以舒爾茨認為，想要經營好咖啡店，必須做好Espresso。

那天，「星巴克」因為閉門謝客，損失了大約六百萬美元的收入，卻在其後幾週贏回了越來越多的忠誠客戶。

當時，母親把「俏江南」的煩惱和我一說，我便向母親推薦了《一路向前》這本書。那幾家分店當時的情況，和書中所寫的「星巴克」在二〇〇七年前後所面臨的問題如出一轍。

母親細細讀完《一路向前》，備受啟發，她將書推薦給「俏江南」全體員工，尤其是那幾家店的店長、廚師長。

母親問那幾家店的店長：「我們『俏江南』究竟賣的是什麼？」

大家七嘴八舌地討論，有人說賣的是品牌，有人說賣的是環境，有人說賣的是優質服務。

母親說，「俏江南」賣的，是精品川菜。具體一點說，就是一盆精品毛血旺。

突然提到「毛血旺」，店長們愕然，不知道母親要說些什麼。

母親解釋道：「『毛血旺』是川菜的經典菜色，看似簡單，做好卻不容易。想要做好川菜，做好一盆『毛血旺』是基礎。」接著，母親說想舉辦一場「毛血旺大賽」。哪家店做的「毛血旺」好吃，哪家店就獲得豐厚獎勵。獲勝的店再把自己做毛血旺的經驗分享給其他店。

毛血旺大賽辦得熱火朝天，一時間，全國的「俏江南」都爭相努力，想在比賽中獲勝。各店都積極鑽研起毛血旺的做法。店員們對餐飲行業，尤其是對川菜的熱情空前高漲，工作積極性明顯提升。

店裡還開設了「桌邊服務」，當著客人的面製作毛血旺，讓大家看到，我們做的菜品用的都是新鮮的食材。那段時間，「俏江南」各家店裡菜品的口碑直線上升，很多人都說：「你們家的毛血旺真好吃。」在這樣的努力改革下，那幾家分店的整體營收不僅沒下降，還逐漸提升，而店裡的氛圍、店員和顧客的感受、整個品牌的生命狀態已經和從前大不相同了。

母親的這次經歷讓我深有感觸，為了不在紛繁複雜、千變萬化的當今市場大環境中迷惘，為了跟上時代的步伐，我認為要永遠抓住企業經營的本質，抓住最單純、最真實的東西。「不忘初心」不是一句空話。

一杯西柚汁，加三塊冰、一勺糖

「不忘初心」十分重要，但不能產生執念。工作這些年，有很多時刻，我都必須要堅持自己的原則，但亦有很多經歷讓我明白，經營管理要因地制宜，尤其當你在初入一個不熟悉的地域，一定要深入了解當地的實際情況，了解當地人的消費習慣，不能一味想當然地灌輸自己認為正確的理念。幾年前在台灣開辦川菜館的經歷，讓我意識到台灣老百姓的審美、生活習慣、性格都與大陸老百姓迥然不同。S Hotel在台灣的開業，讓我再次深刻地感受到這種差異，前後兩次經歷都給我上了重要的一課。

曾經，我體會到的是經典川菜與台灣當地人口味的碰撞，這一次，我面臨的是自身的經營理念、大陸企業慣用的管理方法與台灣員工個性、對工作的態度之間的矛盾。

S Hotel的企業文化是「For love and happiness」，可是才試營業不久，就有員工陸陸續續提出離職。難道是我的薪水給得不夠嗎？難道是工作的發展空間太小嗎？還是我哪句話說得有疏失，讓員工產生了誤會？

我開會向員工們詢問，真心地希望大家暢所欲言，但所有人卻噤若寒蟬，甚至連頭都不敢抬。

平時，也從未有任何一位員工和我交流，訴說自己在工作上的困難，很多員工的離職讓我覺得非常突然，他們從未流露出徵兆，連抱怨都沒有。

我意識到，台灣員工和老闆的關係與大陸存在差異。台灣員工的等級觀念非常強，他們把我當成老闆，只會聽從我的安排，不敢和我溝通工作，更談不上坦誠交流。遇到不滿、不順的地方，他們一般都會先忍耐，萬一忍無可忍，就辭職。

有一次，我在另外一家酒店遇見了之前從S Hotel離職的廚師。那家酒店給客人提供自助餐，而他的工作就是給廚師做助理。我問他，為什麼你放棄S Hotel的行政總廚職位，卻來這裡給別人做副手?他告訴我，因為這裡不累，執行命令就可以了，不用動腦筋、搞創意，也就沒那麼大的壓力。

我又向他講了許多我能給他的機會，我告訴他年輕人工作要有激情。如果你自己開一家餐廳，可能利潤連百分之十都沒有，但是在我這裡，我給你做KPI，你要是完成得好，提成都比那百分之十多。無論我怎麼說，他都不為所動，最後他告訴我：「汪總，我其實並沒有開餐廳的夢想。」

我一下子啞口無言。這之後，我回想店裡員工的狀態表現，漸漸明白了為什麼他們會（在我看起來）毫無緣由地紛紛離職。

我經常鼓勵員工們要積極發揮自己的創造力，自由發揮想像，有什麼想法意見，隨時提出。在北京，員工們經由這麼一鼓勵，就算原本悶著不說話、畏懼老闆、略顯膽怯的員工也會漸漸打開話匣子，狀態變得積極起來。可是在台灣，員工們早已習慣了什麼事都聽從指揮，一個口令一個動作，一旦要發揮創造力，要自己承擔責任，就覺得恐慌，覺得壓力大。

另外，台灣員工需要非常精確的指令才能執行，譬如「一杯西柚汁，加三塊冰、一勺糖」。如果你說「我想要一杯有點冰有點甜的西柚汁，但不要太甜」，他們會無所適從。台灣員工害怕如果按照自己的方式做得不好，會被責罵，要承擔責任。這種恐懼深深根植內心，很難靠一兩次動員消除。

橘生淮南，果真又澀又苦

正當我苦思該如何改變當時員工流動率太大的窘境時，我想到此前自己在大陸認識的一位高管。她的管理經驗十分豐富，她帶領過的團隊工作積極性都很高。這位高管姓張，我想，或許張總可以為S Hotel帶來一些改變。

在我的安排下，張總空降成為S Hotel的總經理，S Hotel的諸多事務開始由她打點。可是，事與願違，張總來到S Hotel後，員工們的精神狀態不僅沒有變好，離職率反而突增，我的餐廳經理、人事經理、銷售經理、IT經理、助理等人突然全部都要走，店裡就要沒人了！

我拉住銷售經理，詢問他究竟為什麼要走，他一個男人，竟然一下哭了出來。他說：「汪總，那個總經理，讓我簽生死狀，簽任務，一年要我完成一個多億，我完不成啊，我害怕！」

我一調查，這才了解到，原來張總來了後就開始採用一套「激勵政策」，要求員工提升工作效率、領年度任務，激勵的同時也施加壓力，要求員工一定要表現出色，不能出一點錯，沒有最好，只有更好。

有些大陸企業管理者給員工施壓的目的，實質是為了激發員工的潛力，簽所謂的「生死狀」只不過是種鞭策方式，是為了刺激員工的工作動力，但台灣員工大多比較認真，真以為完不成任務就會「事關生死」。事實證明，這種管理方法在台灣不僅不適用，還產生了巨大的反效果。原本在我相對比較寬鬆的管理下，就有一些員工覺得壓力大、不習慣，現在壓力瞬間增加了數倍，員工們的心理一下崩塌了。

大陸不少企業管理時講求「寬猛並濟」、「獎罰分明」、「先苦後甜」、「先緊後鬆」，商場如戰場，主管和員工是並肩作戰的戰友。大陸企業激發員工的雄心壯志，希望他們在競爭中不斷成長，希望培養他們「主人翁」的意識。

然而在台灣，你會發現很多賣早點、賣服裝的小店都傳了好幾代，這裡的人能安於一直經營一家小店。

對於「服務生」這個職業，台灣人的看法和大陸也有很大不同。大陸普遍認為「服務員」是很基層的職業，沒有社會地位，很多人不願意幹。但台灣有很多人願意做服務生，而且一做就能做一輩子。在S Hotel的員工中，那些經理啊主管啊成日覺得壓力大，流動率高，但服務生、前台等卻都很穩定，工作也都很投入。

其實台灣年輕人也不是完全沒有奮鬥的意識，台灣做過一項調查，台灣有七成剛畢業的年輕人想創業，隨後再調查已經就業的年輕人，仍舊想創業的占五成。但受到台灣多年形成的體制傳統所限，很多年輕人得不到投入到市場參與挑戰和競爭的機會，久而久之就形成了安於現狀的思考模式。

由於這種巨大的文化差異，張總來到S Hotel後，就開始和這裡的員工衝突不斷。

張總三不五時向我抱怨，說員工不配合她，積極性怎麼也調動不起來，工作時也一直缺少精氣神，效率提升不了……和她衝突的員工也一改往日的沉默，找我大吐苦水，說張總太嚴厲，教他們害怕，受不了，每天來上班壓力都很大，擔心任務完不成。雙方都很懇切，說得似乎都在理。

我深思熟慮後認為，員工們的狀態已經違背了我最初預設的S Hotel的企業文化——For Love and Happiness.我知道張總也有委屈，她背井離鄉，一個人來到台灣，做為空降的領導，難免不服衆。她也試圖調整自己工作的方式方法，可是多年養成的習慣很難在一朝改變。她工作很盡心盡力，是真心實意地為公司考慮，但她越是認真，就越是容易拿出鞭策員工的那套工作方法，就越和台灣員工產生衝突。

無奈，我不能看著自己的員工全走了，就剩我一個光桿司令，我怎麼做下去？我給張總買了張回北京的頭等艙機票，結束了這次雖然歷時僅三個月，但每天都痛苦煎熬的合作。

想要管理好台灣的團隊，我必須再另尋良策。

重整旗鼓，步入正軌

蘭會所曾經有一位總經理，叫Yves，法國人，曾在香格里拉工作。他在蘭會所時，不僅將店裡的日常事務打理得井井有條，店裡營收也做得很好，那時蘭會所每月都有七、八百萬的業績。後來他離職去了瑰麗集團。我忽然想起了他。他有豐富的酒店管理經驗，如果讓他來帶S Hotel，應該是個不錯的人選。

我聯繫上了Yves，開始遊說他來S Hotel。可S Hotel才剛起步，薪水給不了瑰麗酒店那麼多，起碼要少三分之一。為了補償，我承諾Yves，你隨時都可以來，房租我包，你孩子上幼兒園、上小學我包。

但那時候香港的香格里拉也剛好找他，薪水給得比我高出不少，Yves便婉拒了我，準備去香港。

張總走了，S Hotel總經理的位置空了，我決定在找到好的人選之前，先由自己直接管理團隊。

張總走後的第二天，我把S Hotel所有要離職和已經遞交辭職報告但還沒走的員工聚在一起。我告訴大家，以後希望你們有任何問題、任何不滿都能和我直接交流，我會幫大家解決，不要憋在心裡。我們的企業文化是「For Love and Happiness」，讓各位這麼不愉快，並不是我的初衷。之前我們的管理方法有諸多不妥之處，但是我現在很需要各位，需要大家留下來。

那段時間，有很多從最初籌建S Hotel時就跟著我一起努力的員工也準備離開，團隊幾乎分崩離析。這樣下去，我已經沒辦法再往前走。

有一部分員工被我說動了，選擇了留下。我告訴員工們，希望S Hotel所有員工專注於業務本身。建立起服務流程，提升服務品質。我認為在企業的起步階段，把housekeeping做到位，勝過分析一千張報表。

酒店內部的工程設施，該補的補，該修的修。比如經過檢查，我發現浴室的門底下沒有封死，洗澡時容易漏水。一週之內，所有房間浴室的門就都調整好了。

這一次，我的指令比較明確，哪裡採用怎樣的流程，哪裡的細節怎樣調整，我都儘量清楚地交代。除此之外，我還提升了基礎員工百分之十的薪水，並加設兩千元年限薪水，在S Hotel工作滿一年的員工可以獲得兩千元獎勵，兩年則是四千，依次遞增。

在這樣的方針下，員工們的積極性終於被調動起來，流動率也降低了，S Hotel內部經歷了幾個月的調整、磨合，團隊終於漸漸步入正軌。

不久後，又有一個好消息，Yves給我發訊息，說他決定不去香港那邊工作了，想來S Hotel任職。他說，香港的薪水雖然高，可是開銷也很高，每個月幾乎攢不下什麼錢來，台灣的物價偏低，生活之餘，還有很多錢剩下，可以投入在妻兒身上，投入在家庭中，提升生活品質。

我說：「我之前已經和你承諾過，你隨時可以來！」

Yves來之後，又通過他熟悉的酒店行業渠道，為我招聘到一些經驗豐富、能力很強的員工，現在，S Hotel的團隊正在一點一點成長，一天天走向成熟。

經歷這次員工離職的風波，我又一次深刻地體悟到，一定要因地制宜地調整管理方法，方法合適，員工的積極性才能被調動起來。反之，再好的管理方法，如果不適應當地情況，也只會適得其反。

就這樣，在我、Yves以及S Hotel所有員工的一齊努力下，正式開業僅僅幾個月，酒店的平均入住率已經達到了百分之七十，而且經常出現房間全滿的情況。在台灣整體旅遊業低迷的情況下，能有這樣的成績，已是不易。

專注於「這一個」

S Hotel開業後業績不錯，很多人都問我：「小菲，你想如何打造S Hotel這個品牌？要開多少連鎖店？三年之內你打算開多少家？」

我從未回答別人確切的數字，第一，我對此沒有明確的市場調研和分析，不能空口說白話。說出來了，別人對你就有了期望，到時候沒有達到，會影響自己的信譽。第二，有很多人為了達到自己曾經所說的目標，不得不犧牲許多時間和資源，不僅失去了從容不迫的發展步調，視野也漸漸變得狹小。

所以我認為，最重要的其實不是開多少家，而是每家做得怎麼樣。現在很多企業都在走吸納投資，快速擴張，利用擴張的規模再吸納投資這種模式，盲目做大，但燒錢極快，往往在現金流上出現很大漏洞。

開的分店越多，規模越大，就越不好管理。基礎不穩，高層在某個環節一旦出現問題，出現資金斷裂，就容易全線崩潰。當某些不良習慣在企業中形成慣例，想要改革時，公司規模太大，推進起來就會極其艱難，尾大不掉，改革往往以失敗告終。

我記得劉國梁在任中國乒乓球隊總教練時曾經這樣對隊員說：「你們不要想著比賽結果，只要專注在眼前這個球上，想著怎麼把這個球打好。一個一個打。」

這句話對我的啟發很大，我認為經營也是如此，先專注把眼前這家店做到最好，等到時機成熟，開第二家、第三家店都是水到渠成，自然而然的事。但如果一開始就想著開幾十家、幾百家店，心就不定、不專，哪怕取得了暫時的成功，也很容易膨脹。

「求量」是不少人在許多領域上的誤區。有人看書「求量」，囫圇吞棗地看完，不求甚解。有人談戀愛「求量」，這個覺得不夠好，馬上換下一個，那個也不夠好，再換。有人在工作上「求量」，不重質。過程無所謂，只看結果。可是在這種思路下，就算偶爾出現了好的結果也是暫時的，內容不好，產品不好，市場占有率再大也只能是曇花一現。

我這樣說並不是否認「量」，有量不是問題，問題是質量能否同時有保證。這個量不是強行堆的，是要符合市場規律而生的。

在我心中，S Hotel不僅是一家商業酒店，它還包含著太多情感因素，之前我已說過許多次，它寄託著我的夢想，寄託著我對妻兒的情感，寄託著我對兩岸關係的期望。我希望它能走得長，走得遠，品牌屹立不倒，就要從腳下、從眼前做起。

從這一點上，我要向台灣人學習，專注當下，認認真真地過好每一天，認認真真地經營好「這一家」。

尾聲　展望・希望

《生於一九八一》這本書，只從我的童年寫到二〇一七年年中。從這本書完稿到現在即將出版，又過了整整一年。

這一年間，我又不知多少次往返北京和台北。短短的三百多天，無論是大陸還是台灣，無論是我的生活還是事業，又發生了諸多改變。小玥兒和小希箖又都長高不少，玥兒轉眼間就像個大女孩了。有時候真的不禁感慨，時間過得真快！有些事就像發生在昨天。在寫這本書的過程中，我不斷地感覺自己彷彿又回到了從前，又回到自己小時候住過的院兒裡；又走在香榭麗舍大道上，看著巴黎街邊的櫥窗，在協和廣場上坐著吃三明治；又回到奧運會期間的蘭會所，回到許多個夜晚，我和哥兒們朋友們在那裡相聚、暢談、把酒言歡……

回想起來，八年來，我好像有四分之一的時間都在空中。以前一上飛機就睡覺，自從決定寫這本書，我漸漸養成了在飛機上想事的習慣。書中的很多段落是我在飛機上先想，下了飛機到家後再慢慢整理的。

《生於一九八一》這個書名是出版社的編輯想出來的，我當時還有些疑問，「一九八一年」又有什麼特別的？後來順著這個思路想，我還真發現了一些線索。一九八一年是個承上啟下的年份，它是改革開放初期，又是八〇年代的開端；那一年前後，我家趕上了宏觀經濟的末班車，又適逢下海經商的熱潮；出生在那一年的我，雖然是個八〇後，但很多想法其實和七〇年代的人更相似。

寫這本書的初衷，是想將過去好好梳理一番，並且和大家分享一些自己這些年的經歷，談談自己些許拙見。可是寫著寫著，就發現自己的很多經歷其實都和出生、成長的時代緊密相關。於是我在寫這本書時就融入了一些野心，希望能在寫自己的事的同時，寫寫自己出生、成長的那個年代，如果能讓一些讀者感到有共鳴，我的目的就達到了。

我們每個人的人生或多或少都會被刻上時代的烙印，但當下的時代越來越多元，年輕人接觸的事物也越來越多樣，因而對每件事的體會可能不像我出生那個年代那麼強烈。在那個連計算機都沒有，更別提網路的時代，很多事都比現在更被人當成「事」，一項國家政策，一種生活習慣，甚至是一首流行歌曲，都會強烈地撼動我們那代人的生活，並在記憶裡留存很久——越是體會到自己的人生和整個時代的聯繫，越是會感覺自身的渺小。

所以這本書裡雜糅的東西不少，有自身的經歷，也有一些我對某個事件，乃至某個時代的看法，可能我骨子裡依然有「集體主義」的傾向，對社會、國家，總是有揮之不去的牽掛。而當下的很多年輕人就會更「自我」一些，更關注自己生活的小世界。也正因如此，我才意識到一九八一年，那個八〇年代的開頭，真的同時又是某個時代的結尾。很多東西，在那個節點之後就好像坐上了高速列車，變化得太迅猛，所以我才希望能通過文字記敘一些什麼，留存一些什麼。

寫到現在，當過往的脈絡逐漸清晰，我又忽然萌生了展望一下未來的念頭。就請看到這裡的朋友們，再容我嘮叨幾句吧。

我用這本書的不少篇幅寫了台灣問題，除了它本身和我的生活息息相關外，我想可能很多東西是讀到這本書的朋友們，尤其是大陸的朋友們不太了解的，我願意藉由這本書和大家分享，但台灣問題又是個太敏感又複雜的問題，很難三言兩語說清楚，就連台灣當地人的構成都能寫一篇論文了，很多事不好一言以蔽之。每當寫到台灣問題時，我都感覺很難拿捏分寸。一方面，我的家人都在台灣，我有很多台灣朋友，我是真心實意地希望台灣能越來越好；另一方面，台灣又存在個別人，他們的做法實在讓我看不過去。有時寫到情緒激動時，心中有些感慨，真想一股腦傾瀉而出，但又怕無意間讓自己的朋友誤會，於是我又總是告訴自己——保持冷靜。

其實很多事無須多言，台灣這幾年的經濟狀況好不好，老百姓的生活幸不幸福，都是實實在在、有目共睹的事。台灣的經濟在前幾年沉入谷底，去年雖然因為美國市場的拉動稍微回暖，但老百姓還是窮得一塌糊塗。企業出走，人才外流，服務行業亂象叢生，我覺得這些都沒有必要逃避或否認，而是應當面對現實。只有真正接受現狀，意識到問題，才能觸底反彈。

說完經濟，再說環境。前幾年覺得北京霧霾嚴重，台灣空氣好，可是近一年北京的空氣情況倒是比往年好些了，治理初見成效，台灣的霧霾指數卻節節攀升。如果解決的方式總是像「反核運動」那樣高喊「用愛發電」的口號，我想再過五年、十年，台灣的環境問題還是不會解決，經濟問題也是如此。

只有正視問題，才能解決問題。

很多事情，或許身處當下的我們不管怎樣去說、去呼籲，力量都比較微薄，是非對錯，似乎總是各有各的道理。但時間、歷史往往會逐漸改變一些東西，過濾一些東西，確定一些東西，我相信隨著時間的推移，越來越多的人會意識到，會明白。若干年後，我們回頭再看，很多事都會變得明朗，但我們為什麼要走那麼多彎路，消耗掉很多精力，一定要等到「若干年後」才能豁然開朗呢？

有了孩子後，我考慮很多問題時都會想到他們的將來，他們未來要接受怎樣的教育，要怎樣才能讓他們形成正確的價值觀。我想，如果我們在做決策前，都能考慮到自己的下一代，考慮到他們未來的發展；如果我們都能暫時拋開個人利益得失，全心全意地為孩子們的未來著想，我們的決策會不會更加周全，更加完善？

對於目前的我來說，努力讓家人生活得平安舒適、幸福快樂是我最大的目標。而一個人站得越高，責任也就越大，當我們處在一個更高的位置時，如果能夠將眼光放得更長遠些，如果能真真切切地考慮到老百姓的幸福，我想，至少未來的台灣會逐漸回歸到一個良性的發展軌道中，未來還是希望滿滿！

衷心地感謝各位耐心地讀到最後，也感謝我老婆、玥兒和小希箖，是他們一直給我力量，讓我更有動力奮鬥。再次由衷地感謝大家！

二〇一八年八月台北

國家圖書館出版品預行編目資料

生於 1981 / 汪小菲著. -- 初版. -- 臺北市：平裝本, 2019.06
面； 公分. --（平裝本叢書第；483 種）(迷FAN；149)
ISBN 978-986-96903-8-6(平裝)

1. 汪小菲 2. 傳記

782.887 108006994

平裝本叢書第 0483 種
迷FAN149

生於1981

作　　者—汪小菲
發 行 人—平雲
出版發行—平裝本出版有限公司
台北市敦化北路 120 巷 50 號
電話◎ 02-2716-8888
郵撥帳號◎ 18999606 號
皇冠出版社（香港）有限公司
香港上環文咸東街 50 號寶恒商業中心
23 樓 2301-3 室
電話◎ 2529-1778　傳真◎ 2527-0904
總 編 輯—龔槵甄
責任編輯—陳怡蓁
美術設計—嚴昱琳

著作完成日期— 2018 年 9 月
初版一刷日期— 2019 年 6 月

法律顧問—王惠光律師

讀者服務傳真專線◎ 02-27150507
電腦編號◎ 419149
ISBN ◎ 978-986-96903-8-6
Printed in Taiwan
本書定價◎新台幣 320 元 / 港幣 107 元